Gartendesign
neue Wege der Gartengestaltung

Gartendesign

neue Wege der Gartengestaltung

Ungewöhnliche Materialien in der Gartengestaltung
Internationale Beispiele renommierter
Gartenarchitekten

PAUL COOPER

AUGUSTUS

Seite 1 *Ein Detail aus einem Garten beim Festival International des Jardins in Chaumont-sur-Loire (Frankreich)*
Seite 2 *Aus dem »Glass Garden« von Robin Winogrond*
Seite 5 *Aus dem Garten »Voyage of Vitality« von Bonita Bulaitis*

Es ist nicht gestattet, Abbildungen dieses Buches zu scannen, in PCs oder auf CDs zu speichern oder in PCs/Computern zu verändern oder einzeln oder zusammen mit anderen Bildvorlagen zu manipulieren, es sei denn mit schriftlicher Genehmigung des Verlages.

Die Deutsche Bibliothek – CIP-Einheitsaufnahme

Ein Titeldatensatz für diese Publikation ist bei der Deutschen Bibliothek erhältlich.

Dieses Buch folgt den Regeln der neuen deutschen Rechtschreibung.

Titel der Originalausgabe:
The new tech garden, Mitchell Beazley, 2001
© Octopus Publishing Group Ltd 2001, 2–4 Heron Quays, London E14 4JP

Augustus Verlag München 2002
Deutsche Ausgabe © Weltbild Ratgeber Verlage GmbH & Co. KG
Alle Rechte vorbehalten
Umschlaggestaltung: Herbert & Herbertsfrau, Augsburg
Übersetzung aus dem Englischen: Andreas Kellermann
Redaktion und Satz der deutschen Ausgabe:
Agents – Producers – Editors, Overath
Gesetzt aus der Frutiger-LightCn von Linotype-Hell AG
Gedruckt auf chlorfrei gebleichtem Papier
Printed in China

ISBN 3-8043-7241-4

INHALT

EINLEITUNG: WARUM NEW TECH? 6

RADIKALE ANTWORTEN 18

HIGH-TECH-LÖSUNGEN 54

DER KINETISCHE GARTEN 80

EINHEIT VON HAUS UND GARTEN 106

VERGNÜGEN OHNE WARTEZEIT 138

DER WEICHE GARTEN 156

DER PAUL-COOPER-GARDEN 184

VERZEICHNIS DER MATERIALIEN 189

REGISTER 190

DANKSAGUNG 192

EINLEITUNG: WARUM NEW TECH?

EINLEITUNG: WARUM NEW TECH?

Ein Garten ist ein Stück Land, das in der Regel an ein Haus grenzt und die folgenden Komponenten (bzw. einige davon) aufweist: Rasen, eine Blumenrabatte, Sträucher, eine Terrasse, einen Teich, einen Weg, einen Laubengang und Dekorationselemente. Abgesehen von den Pflanzen werden bei seiner Anlage Stein, Beton und Holz verwendet. Diese Charakterisierung trifft in den meisten Teilen der Welt zu, wenngleich bestimmte Gartentypen (z.B. asiatische, besonders japanische) anders aussehen.

Einige Gartendesigner der jüngeren Generation stellen dieses traditionelle Gartenkonzept jedoch in Frage. Sie arbeiten mit Kunststoff, Metall, Glas und synthetischen Fasern, mit modernen bzw. alternativen Techniken wie Recycling und greifen auf Materialien und Verfahren zurück, die normalerweise nicht mit dem Gartenbau in Verbindung gebracht werden. Viele ihrer Gärten sind ambitionierte, extravagante, multimediale und -funktionale Kompositionen, manche schnell angelegte Instant-Gardens, andere dagegen sind völlig experimentell. Ihnen allen gemeinsam ist ein neuer Ansatz, sie sind eine radikale Alternative zu konventionellen Vorstellungen. Auch wenn das innovative Design der New-Tech-Gärten zuweilen schockiert, es regt immer zum Nachdenken an.

unten *Dieser Stich aus dem 17. Jh. zeigt einen der vielen Springbrunnen, die André Le Nôtre in Versailles anlegte. Diese spektakulären Wasserspiele für Ludwig XIV. wurden durch Fortschritte beim Wasserbau und bei der Landvermessung möglich.*

»New Tech« ist eine Abkürzung für »new techniques« (neue Verfahren) und steht für einen Gartentyp, bei dem neue Materialien und Verarbeitungsmethoden eingesetzt werden, was auch zur Erweiterung des Gartenkonzepts beitrug – ungefähr so, wie Eisen und Glas im 19. Jh. zu einer Neudefinierung und Erweiterung baustilistischer Entwicklungsmöglichkeiten führten.

Die Verwendung neuer oder unkonventioneller Materialien und Methoden ist bezeichnend für New-Tech-Designer. Ihr Gartendesign folgt jedoch keinem einheitlichen Stil, sondern umfasst eine ganze Reihe neuer Ideen. Viele dieser Gärten spiegeln die neuesten Entwicklungen im zeitgenössischen Design, darunter originelle Recycling- und elaborierte High-Tech-Versuche. Dabei war High Tech, ein in den späten 70er-Jahren entstandener Architekturstil, besonders einflussreich. Seine technikorientierte Ästhetik mit ihrem ausgeprägten Einsatz von Industriestoffen diente vielen jungen Gartendesignern als Inspirationsquelle.

Die Gartenbauer des 19. Jhs. dagegen hatten einen ganz anderen Standpunkt vertreten und lehnten die schnelle Industrialisierung der Gesellschaft vollkommen ab. Um die Jahrhundertmitte setzten Architekten wie Sir Joseph Paxton und Maurice Koechlin neue Konstruktionsmethoden und Materialien ein, um aus Eisen und Glas Bauwerke wie den Londoner Kristallpalast oder den Eiffelturm in Paris zu erschaffen. Es war die Zeit der großen Gewächshäuser, deren herausragendes Beispiel das Palmenhaus von Richard Turner in den Londoner Kew Gardens ist. Fortschritte in der Heiztechnik ermöglichen den Bau geschützter Wintergärten voller exotischer Pflanzen.

Diese Bauwerke wurden errichtet, als die britische Arts-and-Crafts-Bewegung mit ihrem Gründer William Morris ihre kreative Mission aufnahm. Morris und seine Anhänger sprachen sich für eine Rückkehr zum traditionellen Handwerk und gegen die Mechanisierung und Industrialisierung aus. Die wegweisende englische Gartendesignerin Gertrude Jekyll profitierte nach einem zweijährigen Besuch der Kunsthochschule von den Arts-and-Crafts-Ideen, als sie in Zusammenarbeit mit dem Architekten Sir Edwin Lutyens begann, Gärten anzulegen. Um die Jahrhundertwende hatte sie ihren typischen Stil mit Staudenbeeten und

oben *Das Palmenhaus in den Londoner Kew Gardens wurde 1848 fertig gestellt. Die von Decimus Burton und Richard Turner entworfene Konstruktion aus Eisen und Glas war zukunftsweisend in einer Zeit, als das britische Gartendesign begann, seine Vorbilder in der Vergangenheit zu suchen.*

Wildblumen entwickelt. Dieser Ansatz, der ihre Bewunderung des »Cottage-Gardens« mit Lutyens Vorliebe für volkstümliche Formen und traditionelles Material und Handwerk verband, war im Grunde altmodisch und nostalgisch, erfreute sich aber jahrzehntelang großer Beliebtheit.

Es überrascht vielleicht, dass die internationale Art-Nouveau-Bewegung, die die meisten Kunstformen einschließlich der Architektur während der letzten Jahre des 19. Jhs. erfasste, nur wenig Einfluss auf die Gartengestaltung ausübte – obwohl sie vor allem von Pflanzenformen inspiriert war. Der zu Beginn des 20. Jhs. vom spanischen Architekten Antonio Gaudí entworfene Parque Güell in Barcelona macht hier eine Ausnahme. In einem Design, das eher »Low Tech« als High Tech ist, verwendete er vielfarbige Kachel- und Keramikscherben, um abstrakte Mosaikmuster an der Oberfläche einer organisch-krummlinigen Gartenarchitektur zu gestalten, bei der die Bepflanzung nur eine Hintergrundfunktion hat. Der Parque Güell zeigt Gaudís unverwechselbaren Stil und ist für seine Entstehungszeit einzigartig.

Achtzig Jahre später wurde ein anderer Park in zeitgenössischem Stil entworfen: Der von Bernard Tschumi konzipierte Parc de la Villette in Paris beruht auf einem einfachen, geometrischen Gitternetz, das sich über unregelmäßiges Gelände legt. An den Schnittpunkten dieses Gitternetzes befinden sich massive, semifunktionale, geometrische Stahlkonstruktionen – alle hellrot angestrichen, aber ansonsten ganz verschieden. Hier zeigt sich ein Ansatz zum Landschafts- bzw. Gartendesign, der fest in der Gegenwart wurzelt. Der Designer mag dabei zwar an die Tradition extravaganter architektonischer Konstruktionen anknüpfen, doch

oben *Eine der vierrädrigen Maschinen aus viktorianischer Zeit, die der britische Gärtner William Barron zur Umpflanzung von Bäumen erfand. Sogar nach heutigen Maßstäben konnten damit Bäume von beeindruckender Größe versetzt werden. Barron verwendete seine Neuerung beim Anlegen eines weitläufigen Gartens für den Earl of Harrington bei Elvaston Castle in Derbyshire.*

rechts *Der ab 1900 in Barcelona von Antonio Gaudí angelegte Parque Güell ist nach wie vor eine der wenigen im 20. Jh. angelegten Gartenanlagen, die Kunst und Design ihrer Epoche widerspiegeln. Diese Teilansicht zeigt, wie Gaudí Scherben von glasierten Keramikkacheln und Töpferware einsetzte, um die organischen Formen seiner Architektur an der Oberfläche zu dekorieren.*

im Übrigen verbindet diesen Park nur wenig mit den Stilen vergangener Epochen.

In den Jahren dazwischen schöpfte das Gartendesign des frühen 20. Jhs. in der Regel aus der Vergangenheit. Zwischen den 80er-Jahren des 19. Jhs. und den 20er-Jahren des 20. Jhs. wurden im Zuge von Wohlstand und Verschwendungssucht große Landhäuser mit dazu passenden Gärten entworfen. In den Niederlanden dominierten in den ersten zwei Jahrzehnten des neuen Jahrhunderts der englische Landschaftsstil und der von Lutyens und Jekyll entwickelte »Cottage-Garden«. In Italien, wo Architekten und Künstler das Design des 20. Jhs. entscheidend mitprägten, bemühte man sich um eine Neugestaltung des traditionellen italienischen Gartens.

Während sich das Gartendesign des frühen 20. Jhs. weiterhin an der Vergangenheit orientierte, machte sich eine neue Generation, vom wissenschaftlichen und technologischen Fortschritt inspiriert, eine neue Definition von Kunst und Design zu eigen, die dem Geist des Maschinenzeitalters entsprach. Für einige, wie die futuristischen italienischen Maler Umberto Boccioni und Giacomo Balla, war das Auto die neue Ikone, und Geschwindigkeit und Dynamik wurden thematisiert. Angeführt von Naum Gabo und Antoine Pevsner verzichtete eine andere Künstlergruppe in Russland zugunsten von Metall-, Glas- und Plexiglas-Konstruktionen vollständig auf die darstellende Kunst, und 1919 entwickelte der Bauhaus-Architekt Walter Gropius einen Stil, der Grundlage des sogenannten »Modernismus« werden sollte: Glas, Stahl und Beton wurden die Materialien einer neuen Ästhetik, die nun ökonomische Schlichtheit in den Vordergrund stellte.

In den 50er-Jahren erstarkte sogar im traditionell konservativen Großbritannien der Glaube an Wissenschaft und Technologie.

unten *Thomas Church suchte nach neuen Lösungen für Probleme des Gartendesigns im 20. Jh. Dieser für Dewey Donnell in Sonoma (Kalifornien) angelegte Garten verdeutlicht seine Arbeitsweise: Meist hat ein Schwimmbecken keine Beziehung zum angrenzenden Gebäude oder zur Landschaft. Die fließende Form von Churchs Schwimmbecken greift dagegen Windungen der umliegenden Buchten und Salzsümpfe auf.*

links Von ausgefallenen Schuhen bis zum Minirock: Das Design der 60er-Jahre folgte einem ungezwungenen, jugendlichen Ansatz. Die Pop-Bewegung erfasste Mode, Stoffe, Möbel, Interieurs und graphisches Design, und doch blieb der Garten von den »Swinging Sixties« unberührt.

rechts Diese »Formica«-Werbung aus den späten 50er-Jahren preist die praktischen und ästhetischen Vorteile neuer, kunststoffbeschichteter Oberflächen an, die leicht zu reinigen waren. Im Gegensatz zu anderen Designbereichen wurden synthetische Materialien im Gartendesign erst spät eingesetzt.

Das Festival of Britain im Jahr 1951 formulierte den Wunsch nach einem Stil, der den »Zeitgeist« widerspiegelt. In den USA kombinierte man in dieser Zeit der ersten Einbauküchen und des Kofferradios dekorative, wissenschaftsorientierte Motivik und neueste Technologie. Das häusliche Umfeld wurde mit zeitgenössischen Motiven und neuester Technik ausgeschmückt; selbst Alltagsgegenstände in Form von Molekülmodellen waren nichts Besonderes. Während der 60er-Jahre und der Pop-Bewegung dauerte der Glaube an die Technik an, doch kam nun auch der Wunsch nach Flexibilität und Wegwerfartikeln dazu. Diese radikal neuen, von einer einflussreichen und wohlhabenden Jugendkultur verfochtenen Gedanken stellten Langlebigkeit als überkommenen Wert in Frage und führten zu einer farbenfrohen, lebhaften Art der Präsentation, die mehr Gewicht auf Dynamik und Veränderung als auf den Status quo legte. Popdesign war beliebt, modern, erschwinglich und schaffte eine helle, freundliche Atmosphäre. Den Garten hingegen erfasste diese Revolution nicht; zwischen ihm und der übrigen Designerwelt blieb eine Diskrepanz bestehen.

In früheren Zeiten hatte die Gartengestaltung mit Lifestyle, Kunst und Design Schritt gehalten oder sich zeitgenössischer Techniken bedient: Im Italien des frühen 17. Jhs. veranlasste das aufkommende Barock die Schirmherren des Gartenbaus – fast ausnahmslos Geistliche – zu verschwenderischen Formen der Belustigung. An der Villa Aldobrandini in Frascati bei Rom etwa wurde eine außerordentliche kinetische Sinnestäuschung entwickelt. Dabei ließ man einen Kupferball einen Meter hoch über dem Pflaster tanzen – mit Hilfe eines »Luftstroms«, der aus einem darunter versteckten Loch entwich.

Dank des wissenschaftlichen und technischen Fortschritts konnte der französische Landschaftsarchitekt André Le Nôtre gegen Ende des 17. Jhs. in Versailles für seinen Gönner Ludwig XIV. eine Vision verwirklichen. Das ihm vorschwebende Projekt erforderte große Mengen an Wasser, das am gewählten Standort eher knapp war. Dank Abbé Picard gelang es, ein Netzwerk von Reservoirs zu entwerfen, die von Bougival an der Seine aus versorgt wurden. Eine riesige Pumpe mit 14 gewaltigen Schwungrädern transportierte das Flusswasser 162 Meter einen Hang hoch bis zu einem Aquädukt. Dieser ganze Aufwand war nötig, um etwa 1400 Springbrunnen zu versorgen.

Mitte des 19. Jhs. wurden in Großbritannien von William Barron bei der Anlage des ersten Instant-Gardens Umpflanzungsmaschinen und künstliche Felsen eingesetzt. Der Garten bei Elvaston Castle in Derbyshire konnte so in relativ kurzer Zeit angelegt werden.

Ab dem frühen 20. Jh. reagierten die moderne Kunst und Architektur auf den Einfluss der Technik. Landschaftsarchitekten und Gartendesigner sprachen jedoch nur langsam darauf an und

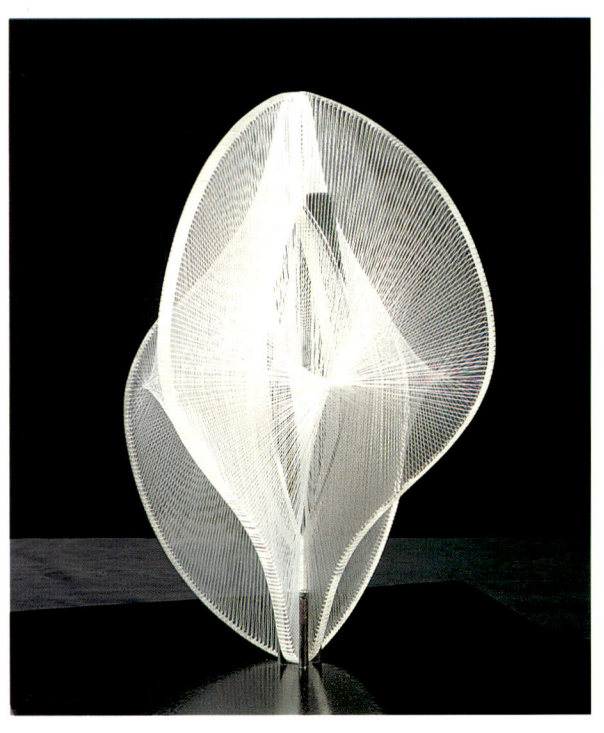

links *Eine der »Linearen Konstruktionen«, die der aus Russland stammende Bildhauer Naum Gabo ab den 40er-Jahren fertigte. Gabo verwendete neue Materialien (hier Plexiglas und Nylonfäden), deren optisches Potenzial und Dauerhaftigkeit von Gartendesignern erst Jahrzehnte später genutzt wurden.*

unten *Das Centre Pompidou von Piano und Rogers in Paris. Mit seiner Eröffnung wurde 1977 das High-Tech-Design eingeführt. Der Einsatz industrieller Materialien und Formen sollte gegen Ende des 20. Jhs. auch das Gartendesign beeinflussen.*

fühlten sich eher der Natur als der Technik verbunden. In den 30er-Jahren kam schließlich aus den USA ein Impuls – was damit zusammenhängen mag, dass der Gartengestaltung dort die lange Tradition fehlt. Der neue Ansatz zeigte sich zuerst in den Arbeiten von Thomas Church in San Francisco und dann auch an der Harvard Graduate School of Design, wo Walter Gropius 1937 eine Professur für Architektur erhielt. Gropius' modernistische Ästhetik der »funktionellen Form« und sein zweckmäßiger Einsatz moderner Materialien sollten an dieser Schule viele Studenten der Landschaftsarchitektur beeinflussen, z. B. Garrett Eckbo, Dan Urban Kiley und James Rose. Sie suchten in Ergänzung zu neuen Architektur- und Designkonzepten nach einer neuen Landschafts- und Gartengestaltung und gestalteten völlig neue Formen, anstatt sich an den hergebrachten Fragestellungen zu orientieren.

Thomas Church entwickelte seinen »Californian style«, der auf dem Konzept des »Wohnzimmers im Freien« beruht, als Lösung für Hanglagen. Dabei sollte die Bepflanzung bestimmte Aktivitäten unterstützen – Bäume z. B. als Schattenspender

unten Roberto Burle Marx machte in Rio de Janeiro eine Ausbildung als Maler, bevor er sich der Landschaftsarchitektur zuwandte. Dieser Hintergrund und der Umstand, dass Gartengestaltung in seinem Heimatland Brasilien keine Tradition hat, ermöglichte ihm die Entwicklung eines höchst originellen und modernen Stils, der auf dem Einsatz einheimischer Pflanzen fußt. Die komplexen, skulpturalen Formen vieler dieser Pflanzen entsprachen den Anforderungen einer modernen architektonischen Umgebung bestens.

dienen, Sträucher zur Einfriedung. Von zentraler Bedeutung für die Philosophie heutiger New-Tech-Gartendesigner ist, dass Church bei der Gartengestaltung ein vorgefasstes, situationsangepasstes Vokabular ablehnt und einen modernen, problemlösungsorientierten Ansatz befürwortet, der sowohl Gelände als auch Kundenwünsche berücksichtigt. Dan Urban Kiley wurde einer der führenden amerikanischen Landschaftsarchitekten. Von der Arbeit Le Nôtres in Versailles inspiriert, erneuerte er den regelmäßigen Stil des Franzosen im Einklang mit modernistischer Architektur – insbesondere beim Einsatz von Wasser und Springbrunnen.

Andernorts gab es nur einzelne Vertreter zeitgenössischen Gartendesigns: In Dänemark antwortete Carl Sorensen auf den Modernismus mit geometrischen Formen und einer reduzierten Pflanzenauswahl ganz ohne Blumen. Sein Garten aus konzentrischen Ovalen bei Hellerup (Kopenhagen) ist ein klassisches Beispiel für den modernen Kleingarten. In Großbritannien war Christopher Tunnard beinahe der einzige, der die moderne Architektur der 30er-Jahre auf die Landschaft projizierte. In Halland (Sussex), wo er mit dem Architekten Serge Chermayeff zusammenarbeitete, setzte er zwar traditionelle Techniken ein, aber mit offenkundig modernen Formen. In jüngerer Zeit entwickelte der Gartendesigner John Brookes in seinen Arbeiten und seinem Buch *The Room Outside* (1969) die Konzeption des Gartens als Raum im Freien. Die Arbeiten solcher Designer haben die allgemeine Vorstellung vom Garten jedoch trotz aller Anstrengungen nur in begrenztem Maße beeinflusst.

In den letzten Jahrzehnten hat sich die Konzeption des häuslichen Gartens für die meisten von uns nur insofern geändert, als der Garten wesentlich kleiner geworden ist. Landschaftsgärtner des 18. Jhs. arbeiteten an Privatgärten, die es in diesen Dimensionen heute kaum noch gibt. Landschaftsarchitekten gestalten zwar noch ähnlich große Flächen, jedoch meist für Behörden oder Gesellschaften, und ihre Projekte sind Parks, öffentliche Plätze und Autobahnen. Kleine Privatgärten werden meist in einer Vielfalt entlehnter Stile vom Besitzer selbst angelegt.

links *Der Aussichtsturm (Konstruktion Nr. P6), eine von mehreren neokonstruktivistischen Gebilden, die Bernard Tschumi im Rahmen seines Projekts für den Parc de la Villette in Paris entwarf; die Arbeiten daran begannen 1982. Der Gesamtentwurf des Parks basierte auf einem übergeordneten Gitternetz und bedeutete einen radikalen Bruch mit der traditionellen Parkanlage.*

In den letzten Jahren wurde die Gartengestaltung auf beiden Seiten des Atlantiks zur beliebten Freizeitbeschäftigung, ja zur sozialen Pflicht – was dazu führte, dass man in dem Verlangen, bunte Rabatten anzulegen und neue Gartenbautechniken auszuprobieren, die breitere Bedeutung des Gartenbegriffs aus den Augen verlor. Eine Ursache dafür ist die Begeisterung für neue Pflanzenzüchtungen. Dies trifft insbesondere auf Großbritannien zu, dessen gemäßigtes Klima es gestattet, aus den Gärten wahre Schaukästen voll neuer Blüten zu machen. In anderen Kulturen herrscht eine ganz andere Einstellung zum Garten. Ein Chinese, der England in den 20er-Jahren besuchte, zweifelte sogar am Reiz von Rasenflächen und erklärte, Rasen sei für Kühe von Interesse, habe dem menschlichen Intellekt jedoch nichts zu bieten. Man bemühte sich hier und da, bei der Gestaltung von Gärten für mehr Innovation zu werben, die weniger im traditionellen Gartenbau verwurzelt ist und Pflanzen nur als eines von vielen Gestaltungselementen betrachtet. Bis heute hat sich jedoch kein Trend entwickelt, der dem etablierten Gartenbegriff auf breiter Linie entgegengetreten wäre.

So überrascht es nicht, dass der jüngste, zum New-Tech-Garten führende Sinneswandel oft von jüngeren Gartendesignern vertreten wird, die wie Bonita Bulaitis nicht vom Gartenbau, sondern von der Kunst und dem Design kommen. Sie stehen in Einklang mit dem Denken ihrer Zeit, haben ein Gespür für das Tempo und die Herausforderungen des 21. Jhs., vermitteln Vertrauen in die Zukunft und das Neue, anstatt zurückzuschauen. Ihr Ansatz bedeutet nicht, Werte der Vergangenheit wie z.B. guten Gartenbau aufzugeben; vielmehr treten sie für einen alternativen und weiter gefassten Gartenbegriff ein, der zeitgemäß ist und Kunden entgegenkommt, die ihren modernen Lebensstil auch im Garten zum Ausdruck bringen möchten.

Der New-Tech-Garten ist modernistisch, indem er die Tradition ablehnt und sich zur Innovation bekennt. In seiner gedanklichen Freiheit und eher unorthodoxen Ausdrucksweise zeigt sich der Geist von Dada und Surrealismus. Diese Entwürfe folgen keinem bestimmten Stil, sondern sind individualistisch und verschiedenartig. Und das Ergebnis sind Gärten, von denen wir alle uns inspirieren lassen können.

unten *Die vom amerikanischen Landschaftsarchitekten Dan Urban Kiley entworfene Fountain Plaza in Dallas, Texas. Dieses Projekt erinnert in seiner Raumaufteilung an die Regelmäßigkeit der von Kiley bewunderten französischen Gärten des 17. Jhs. Inhaltlich ist der Entwurf mit seiner Einbindung modernistischer Architekturdetails jedoch fest im 20. Jh. verwurzelt.*

RADIKALE ANTWORTEN

RADIKALE ANTWORTEN

Zur Charakterisierung von Kunstwerken, die unsere ästhetischen Wertvorstellungen und unsere Aufgeschlossenheit auf die Probe stellen, prägte der australische Kunstkritiker Robert Hughes den Begriff vom »Schock des Neuen«. Für einen der ersten großen »Schocks« des 20. Jhs. sorgte der Dada-Künstler Marcel Duchamp, der die Kunstwelt auf den Kopf stellte, als er 1913 das umgedrehte Rad eines Fahrrads als Skulptur präsentierte. Dieser Schritt befreite den Kunstbegriff schlagartig von den mit ihm verbundenen Mythen und reduzierte ihn einfach auf »eine Idee«. Paradoxerweise sollte der fantasievollere und weniger gehemmte Kunst- und Designansatz unserer Tage durch diese scheinbar negative Maßnahme zum Zuge kommen. Der Garten blieb allerdings von dieser Auseinandersetzung und den liberalen Gedanken weitgehend unberührt – was daran lag, dass die meisten Gartengestalter begeisterte Pflanzenexperten waren, die radikale Ideen oder Designeinflüsse entweder nicht wahrnahmen oder sie ablehnten.

Die neuen Gartendesigner kommen aus ganz unterschiedlichen Bereichen: einige aus Kunst und Design, andere wie Topher Delaney aus der Landschaftsarchitektur. Wieder andere sind Einzelgänger, z. T. ohne besondere Ausbildung. Sie alle aber möchten unsere vorgefassten Ansichten in punkto Garten hinterfragen und betrachten den gestalteten Garten als Kunst – im Gegensatz zur Gartenarbeit als Handwerk. Ihre Frage lautet: Was ist ein Garten? Wozu dient er? Wie sollte er angelegt werden und womit? Sie haben sogar zu fragen gewagt, warum es in einem Garten überhaupt Pflanzen geben sollte.

In Japan kann ein Garten lediglich aus geharktem Kies und auf bestimmte Weise platzierten Steinen bestehen, wie z. B. der von Ryon-ji (nördlich von Kyoto), in dem fünf Steingruppen mit Moosgrund wohlüberlegt auf einer geharkten Kiesfläche angeordnet sind – ein Design, das als »Inseln in ruhiger See« oder »Bewusstseinsgipfel, die sich aus dem Unbewussten erheben« gedeutet werden kann.

Solche Gärten werden zur Meditation angelegt und haben daher eine gleichsam religiöse, nicht einfach nur dekorative Funktion. Die Verwendung von Steinen unter Ausschluss nennenswerter Bepflanzung ist nicht auf Japan beschränkt. Erst kürzlich wurden bei Revolver Creek in Südafrika unterschiedliche Felsen in natürlicher Lage mit Bildern und Mustern bemalt, um etwas zu erschaffen, das der »Designer« als »Felsbrocken-Garten« bezeichnet. In Europa und den USA würden die meisten Leute einen Garten ohne Bepflanzung wohl als Widerspruch in sich empfinden.

Noch umstrittener ist der bereitwillige Verzicht einiger moderner Designer auf echte Pflanzen zugunsten künstlicher. Allerdings ist auch dieser Gedanke nicht neu. In frühislamischer Zeit waren

links *Fahrrad-Rad*, 1913 von Marcel Duchamp kreiert. Diese »handelsübliche« Skulptur, die nur aus zwei gefundenen Gegenständen besteht, gab den Anstoß zu einem umfassenderen Ansatz im Bereich der Bildhauerei, aber auch ganz allgemein in Kunst und Design – was bis heute sichtbar ist.

unten *Seit vielen Jahren bezieht Andy Goldsworthy bei seiner Arbeit die Umgebung eines Ortes ein. Seine vergänglichen Arbeiten aus abgefallenen Blättern oder Eis sind nur auf Fotos zu sehen. Diese Stein-Installation ist dagegen von Dauer. Sie zeigt, wie eine Bauweise, die in der Regel bei Trockensteinmauern eingesetzt wird, für die bildhauerische Landschaftsgestaltung genutzt werden kann.*

in den Gärten Bagdads künstliche Bäume in Mode. Sie bestanden aus Gold und Silber, trugen Edelstein-»Früchte« und wurden oft in die Mitte großer Schwimmbecken gesetzt. In dem ausgedehnten Park des chinesischen Kaisers Yangdi (Sui-Dynastie, 7. Jh.) wurden die kahlen Bäume zur Winterzeit mit Seidenblumen geschmückt, und selbst im Sommer wurden Lotosblüten durch Imitationen ergänzt.

Man kann solche Ideen leicht als lachhaft abtun, aber bei aufgeschlossener Betrachtung können sie uns alle dazu ermuntern, in Sachen Garten weniger borniert zu sein. Und vor allem können sie uns zu einem kritischeren Umgang mit Pflanzen bewegen. Verbunden mit der Neigung, etwas nur um des Pflanzens willen anzupflanzen, hat die mangelnde Zurückhaltung bei der Auswahl der Gewächse schon zu oft Gärten hervorgebracht, die bloß wahllose Ansammlungen zu vieler Pflanzenarten sind.

oben *Bei Revolver Creek in Südafrika wurde die Wildnis in eine farbenfrohe Landschaft verwandelt, indem man die Felsbrocken des Geländes mit bunten Mustern bemalte. Die raue Landschaft wurde so durch einfachste Mittel, nämlich die Gestaltung der vorhandenen natürlichen Elemente, zum Garten.*

Eine neue Definition des Skulpturbegriffs, die dieses Medium weniger objekt- und galeriebezogen, sondern eher abstrakt fasste, gab auch die Anregung zur Schöpfung vollkommen neuer Gärten. Während der 70er-Jahre entschlossen sich viele Künstler, den Studioraum zu verlassen und im Freien zu arbeiten. Dabei begaben sie sich in den traditionellen Arbeitsbereich des Landschaftsarchitekten und schufen Werke, die als »Landschaftskunst« oder environmentale Kunst beschrieben worden sind. Im Jahr 1977 z.B. »pflanzte« Walter de Maria für sein »Lightning Field« in der Wüste von New Mexico 400 sechs Meter hohe Stahlstangen ein. Der britische Künstler Andy Goldsworthy hat aus abgefallenem Laub ausdrucksstarke zeitgenössische Werke geschaffen und das Handwerk des Trockensteinmauerbaus zur Fertigungsmethode für Skulpturen umfunktioniert. Pierre Vivant trampelte 1990 das Wort »past« (Vergangenheit) in ein Mohnfeld und das Wort »yellow« (gelb) in ein Rapsfeld.

Die Erfahrungen in Landschaftskunst und skulpturaler Installation haben die konventionellen Vorstellungen von Garten und Bepflanzung völlig verändert. Zu Jacques Simons Arbeiten z.B. gehören ein treibender Wald auf der Seine und ein europäischer »Fahnen-Garten« aus Kornblumen und Ringelblumen. Etwas bescheidener, dafür aber exzentrischer und dem surrealistischen spanischen Künstler Salvador Dalí verpflichtet ist der »Office Garden« des Gartendesigners Ivan Hicks. Die Bepflanzung ist eindeutig surrealistisch: Anstatt in einem Steingarten zu wachsen, kriecht der Hauswurz (Sempervivum) zwischen den Tasten einer alten Schreibmaschine hervor. Fest steht, dass Designer mit solchen Experimenten die Definition von »Garten« erweitern, und mit solchen Ideen können wir einen Garten mit anderen Augen sehen.

Viele neue Gärten stehen unter dadaistischem und surrealistischem Einfluss, aber für ihre Anarchie und Absurdität gibt es durchaus auch historische Vorbilder. Der aus dem späten 16. Jh. stammende Garten der Villa Orsini im zentralitalienischen Bomarzo ist zwar weitläufiger als die meisten modernen Gärten, aber genauso verstörend: Alptraumhafte Monster- und Riesenskulpturen tauchen aus dem Unterholz eines wilden, felsigen, von architektonischen Eingriffen unberührten Tals auf. Radikalität im Garten ist nicht neu, sondern wurde einfach nur wiederentdeckt.

oben *Diese Kreatur mit offenem Maul ist eine der vielen grausigen Monster- und Riesenskulpturen im Sacro Bosco, dem zwischen 1552 und 1584 unter der Leitung von Vicino Orsini angelegten Park der Villa Orsini in Bomarzo. Dieser Garten mit seinen äußerst manierierten Fantasiebildern unterschied sich sowohl auf der Ausdrucks- als auch der Inhaltsebene vollkommen von allen anderen italienischen Gärten jener Zeit und fesselt seine Besucher bis heute.*

rechts *Ivan Hicks »Office Garden«* hat den exzentrischen Motivkombinationen der Dadaisten und Surrealisten viel zu verdanken. Die Struktur des Gartens schaffen eine ausrangierte Büroausstattung und andere gefundene Objekte. Eine Schreibmaschine wird anscheinend gerade von einer Gruppe Hauswurzpflanzen verdaut.

LEBENDE SKULPTUR

CHRISTOPHER BRADLEY-HOLE

In diesem für die Londoner Chelsea Flower Show 2000 entworfenen Projekt übernimmt Wasser die Funktion des Bodens. Es bildet den Rahmen für ein minimalistisches Design, das die Beziehung zwischen Alt und Neu sowie zwischen natürlichen Formen und den Materialien der Umgebung untersucht.

Christopher Bradley-Holes Interesse an traditionellen, natürlichen Materialien und sein Wunsch, sie auf neue Weise einzusetzen, regten ihn zu diesem Garten an. Aber auch die Natur inspirierte ihn zu der – mit seinen Worten – »abstrakten Darstellung der Wechselbeziehungen zwischen Stein, Wasser und Pflanzen«. Im fertigen Garten wurden natürliches Pflanzenmaterial und lebensnotwendiges Wasser mit leblosen Stoffen wie Glas und Stein kombiniert, um quasi eine dreidimensionale, begehbare Skulptur zu bilden. Das Design ist minimalistisch – ein Stil, indem Bradley-Hole sich einen Namen gemacht hat. Es ist jedoch nicht das einfache, abstrakte Konzept, das diesen Garten von allen früheren in Chelsea so radikal unterscheidet. Was ins Auge fällt, ist, dass er komplett überflutet zu sein scheint: Was noch aus dem Wasser herausragt, wurde erst mit Hilfe von Brücken und Decks zugänglich gemacht.

Der gesamte rechteckige Ausstellungsbereich ist mit Wasser gefüllt, das damit die Grundfläche des Gartens bildet. Alle festen Komponenten tauchen entweder aus dem Wasser auf oder überbrücken es. Trockensteinmauern umfassen den Garten an einer Längs- und einer Breitseite; sie sind jedoch nicht auf traditionelle Weise gebaut, sondern bestehen aus vier Schichten aufeinander gestapelter, rechteckiger Körbe aus galvanisiertem, rostfreiem Metall, die, mit Steinbrocken gefüllt, auch als Stützelemente im Hoch- und Tiefbau verwendet werden. Für diesen Garten wurden sie im Sinne einer modernen, minimalistischen Version der traditionellen Trockensteinmauer planmäßig mit größeren, würfelartigen Cotswold-Steinblöcken gefüllt. Diese Steinblöcke folgen in jedem Korb einer abstrakten, eigenständigen Anordnung. In Abständen sind lichtdurchlässige Mattglasplatten, die einen Kontrast zur schweren Steinbauweise bilden, in die Wände eingelassen.

Die zweite Längsseite des Gartens ist offen, abgesehen von einer Reihe verzweigter Felsenbirnen, die zwischen kleineren Stücken des entsprechenden Cotswold-Steins emporwachsen. Die zweite Breitseite wird von einem Rahmen aus großen Stahlträgern mit H-Profil bestimmt. Sie werden häufiger außerhalb des Blickfelds verwendet, gleich den inneren Strukturelementen moderner Hochhäuser; hier wurden sie jedoch aufgrund ihres klaren, funktionellen Aussehens gewählt. Ein einzelner, 23 Meter langer Träger der Stahlkonstruktion erstreckt sich völlig schmucklos und frei von Kletterpflanzen in voller Länge über den Garten.

Der Garten ist symmetrisch angelegt, was man vor allem anhand der Grundrisszeichnung erkennt. An den beiden Schmalseiten des Geländes befindet sich je eine rechteckige, hölzerne Standfläche. Die eine erreicht man, indem man das Wasser auf einer schlichten, ebenfalls aus Holzplanken gefertigten Brücke überquert. Die andere ist mit dem Festland über einen breiten Pfad aus weißem Kalkstein verbunden, der die Anlage noch interessanter macht: Er mündet erst in die Holzfläche und führt dann in einem großen, breiten Bogen weiter durch das Wasser, bis er auf die hölzerne Standfläche am anderen Ende stößt. Indem er so auf ganzer Länge einen Bogen durch die Wasserfläche beschreibt, umgrenzt er den größten bepflanzten Bereich, eine Insel, deren andere Seite geradlinig ist und genau unter dem Stahlträger verläuft, der den Garten der Länge nach zweiteilt.

Die Bepflanzung des gesamten Gartens orientiert sich an natürlichen Feuchtgebieten. Die Insel wirkt zwar karg, aber die Verwendung nur einer Pflanzenart entspricht dem radikal-

unten *Durch eine Rinne aus halbundurchlässigem Glas fließt das Wasser über eine Trockensteinmauer in einen Teich im Teich und bringt so Bewegung in den Garten. Die Trockensteinmauer im Hintergrund hat einen modernen Touch: Hier wurden die Steinblöcke nicht auf traditionelle Weise aufgeschichtet, sondern sorgfältig in galvanisierten Stahlkörben angeordnet. Mattglasscheiben, deren Lichtdurchlässigkeit mit den massiven Steinen kontrastiert, bilden fensterartige Zwischenräume in der Wand.*

rechts : *In diesem vollständig überfluteten Garten mündet ein Pfad aus weißem Kalkstein in eine hölzerne Standfläche, nachdem er einen weiten Bogen um die Rückseite einer Insel mit Feuchtgebietsgräsern geschlagen hat. Die Einförmigkeit dieser Insel verdeutlicht die minimalistische Philosophie des Designers.*

unten *Die streifenförmigen Blätter der* Iris kaempferi *in der versunkenen Mauer (Mitte) spiegeln die Struktur der verzweigten Felsenbirne (vorne) wieder. Diesem Bepflanzungsschema entspricht der bewusste Einsatz von Steinen: Aus den kleinen Steinen im Vordergrund werden Mauersteine rings um die Irispflanzen und aus diesen wiederum massive Felsblöcke vor der Gräserinsel.*

minimalistischen Gesamtentwurf. Bei genauer Betrachtung des Gräsermeers zeigt sich allerdings, dass es auch andere Pflanzen gibt. Seine profunden Kenntnisse über wild wachsende Pflanzen ermöglicht es Bradley-Hole, die Natur perfekt nachzuahmen: Bei einer Wanderung durch hohes Gras entdeckt man oft zartere, buntere und blütenreichere Pflanzen, die versteckt am Fuß der Gräser wachsen. In dieser Imitation eines natürlichen Feuchtgebietes hat der Designer daher rosa blühende *Knautia macedonica-* (Witwenblumen-) Gruppen zwischen die Gräser gesetzt.

Der zweite bepflanzte Bereich wirkt regelmäßiger und künstlicher. Hier wurde eine Reihe von *Iris kaempferi* (Japanische Schwertlilie) in eine fast völlig überflutete, parallel zur Reihe der Felsenbirnen verlaufende Trockensteinmauer gepflanzt. Diese Mauer, deren Oberkante nur knapp aus dem Wasser ragt und an einigen Stellen auch etwas unter der Wasseroberfläche verschwindet, erinnert an die Relikte einer Landschaft, die vor kurzem mit Absicht überflutet wurde, z.B. um ein Staubecken anzulegen. In den beiden gegenüberliegenden Ecken des Gartens erheben sich zwei weitere, von Trockensteinmauern inspirierte Gebilde aus dem Wasser; konventionell gebaute Mauern, deren

Steine nach oben hin immer flacher werden. Eine der Stein-«Skulpturen» ist eine Wasserattraktion, die von einer freitragenden Glasrinne oberhalb der Mauern gespeist wird. Dabei entsteht ein deutlicher Kontrast zwischen Alt und Neu. Das zweite Trockenstein-Gebilde dient der Symmetrie und fungiert als einfaches Pflanzgefäß.

Zu den auffälligsten Elementen dieses Gartens gehört eine Gruppe massiver Steine, die in Formation durch das Wasserbecken zu segeln scheinen; im Entwurf sieht man, dass jeder Stein grob in Form eines Bootes mit Bug und Heck zurechtgehauen ist. Trotz ihres augenfälligen Gewichts bringen sie ein Moment der Bewegung in das ruhige Wasser. Für weitere Bewegung sorgt die Natur, wenn der Wind durch die hohen Gräser und Irispflanzen streicht.

Bereits in Gartenanlagen des ersten Jahrtausends v. Chr. spielte Wasser eine bedeutende Rolle: Die altpersischen Paradiesgärten waren als Wasserattraktion in der trockenen Landschaft kreuz und quer von Kanälen durchzogen. In seiner radikalen Alternative zu dieser alten Tradition kehrt Bradley-Hole im 21. Jh. die konventionelle Praxis um, indem er landgestützte Elemente mit Wasser umgibt.

oben *Diese Farbskizze zeigt einen Garten, der das übliche Verhältnis zwischen Wasser und Landschaft umkehrt: Wasser ist nicht nur eines seiner Gestaltungselemente, sondern es umgibt ihn vollständig. In der Zeichnung erkennt man den symmetrischen Aufbau, bei dem zwei quadratische Standflächen durch einen weit gespannten Bogen aus weißen Kalksteinblöcken verbunden werden. Er umgrenzt eine Seite einer bepflanzten Insel, die auf der gegenüberliegenden, geraden Seite mit der Mittelachse endet.*

DER BLAUE GARTEN

DAVID STEVENS

Die steigende Zahl an Autos und der damit verbundene Mangel an Parkmöglichkeiten auf der Straße haben dazu geführt, dass viele Vorgärten Parkplätzen ähneln. David Stevens zeigt, dass man durch radikales Umdenken sowohl Auto als auch Garten vor dem Haus unterbringen kann. Seine modernen Materialien und auffälligen Farben sind allerdings nichts für zurückhaltende oder schüchterne Menschen.

Der Vorgarten war auf dem Land schon immer verbreitet, in der Stadt dagegen ist er ein Produkt des 20. Jhs. Seinen Ursprung hat er in den »Gartenstädten« des ausgehenden 19. Jhs. und wurde innerhalb einiger Jahrzehnte zum festen Merkmal der rasch wachsenden Vororte, wo erschwingliche Einzelhäuser und Doppelhaushälften aneinander gereiht wurden. Später galten die vorwiegend aus Hecken, Rasen und Anpflanzungen bestehenden Vorgärten in aufgeklärten sozialen Wohnungsprojekten als unentbehrlich – vor allem, da sie für Ruhe und Abstand von der Straße sorgen. Einige begeisterte Gärtner nutzen den Vorgarten zwar durch beeindruckende Blumenarrangements und kunstvoll beschnittene Hecken zur Demonstration ihrer Gärtnerkünste, doch die meisten Bewohner widmen ihm wenig Aufmerksamkeit, und bei vielen Wohnungsprojekten legt der für die Gesamtplanung verantwortliche Landschaftsarchitekt auch fest, wie die Vorgärten zu gestalten und zu bepflanzen sind. In Europa und den USA hat der Vorgarten als bepflanzte, natürliche Barriere zwischen Straße und Haus jedoch jüngst an Bedeutung verloren: Da das Auto heute unentbehrlich ist, erhielt der Parkraumbedarf Vorrang.

Um vor dem Haus ein oder mehrere Autos unterzubringen, gibt es oft eine Zufahrt, eine Garage und vielleicht auch noch eine Parkfläche – oft in Form einer eintönigen Betonfläche oder eines Pflasters aus Betonblöcken, so dass der Garten dem Vorhof einer Tankstelle gleicht. Die von David Stevens 1999 in der Londoner Hampton Court Flower Show vorgestellte Lösung wirkt sich längst nicht so verheerend auf den Vorgarten aus. Seine Idee akzeptiert das Auto und bezieht es mit ein; sein Design vereint Garten, Auto und Einstellplatz auf kühne und doch praktische und angemessene Weise. Die optische Dynamik dieses Gartens präsentiert das Auto und versucht nicht, es zu verstecken.

Die vorwiegend fließenden Formen des Designs orientierten sich an den Erfordernissen des Autos. Über eine leuchtend bunte, gemusterte und makadamisierte Zufahrt wird der Blick auf Haus und Einstellplatz gelenkt. Das Dach des Einstellplatzes dient zugleich als Stützgerüst für eine Kaskade aus Wasser und Pflan-

unten *Der Grundriss zeigt ein Design, das auf scharfen Kurven basiert. Sie bestimmen die Zufahrt und werden aus einer Richtung von einer einzelnen diagonalen Linie gekreuzt (Sichtblende), aus einer anderen Richtung von einer Gruppe diagonaler Linien (Wasserfall und Einstellplatz). Der Kontrast zwischen Kurven und geraden Linien verleiht diesem kühnen Entwurf seine Dynamik.*

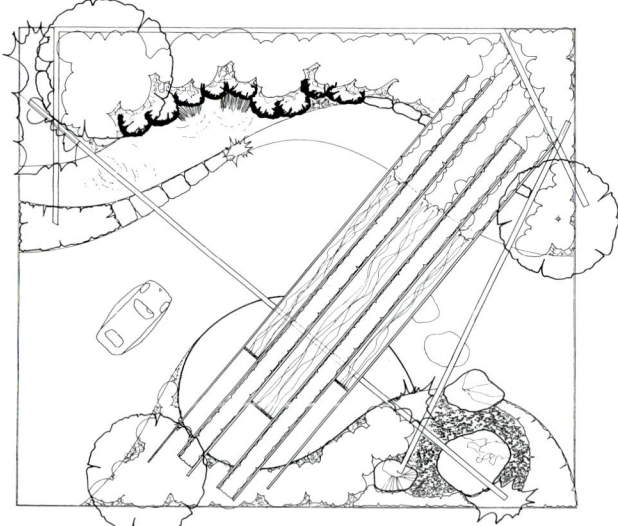

unten *Ein durchscheinender Prospekt und die kräftigen Farben der Umgebung verleihen diesem Wasservorhang etwas Mystisches. Flüchtig in der Dunkelheit aufscheinendes Licht lädt den Besucher dazu ein, das dahinter Verborgene zu erkunden. Die panaschierten Blätter und zarten rosa Blüten der Hostas im Vordergrund werden vom intensiven Blau der Mauer akzentuiert.*

zen, die in einen Teich mündet. Sie läuft quer durch eine bogenförmige Sichtblende, die den Garten in der Luft schwebend diagonal durchmisst. Diese Sichtblende aus Stahlröhren und Stahlgeflecht erinnert an die Skulpturen der 60er-Jahre und sorgt für eine Zweiteilung des Gartens, indem sie den privaten vom öffentlichen, der Straße zugewandten Bereich abschottet. Auch das Wasserelement an einer Längsseite des Gartens trägt zu dieser Trennung bei, da seine Geräusche den Verkehrslärm dämpfen.

Die Sichtblende ist leuchtend rot und gelb gestrichen; im übrigen Garten dominieren Grundfarben. Für Pastelltöne ist hier kein Platz – selbst da, wo natürliche Materialien eingesetzt wurden. Die Felsen, die das einem Flüsschen ähnelnde Wasserelement einfassen, sind in sattem Blau gehalten. Durch diese ganz bewusste Kaschierung ihres natürlichen Aussehens akzentuiert man anstelle ihrer Struktur ihre Form, wenn auch manchen das Anmalen von Felsen als mutwillige Beschädigung erscheinen mag. Zweifellos eignet sich dieser Garten aber gut für den beherzten Einsatz von Farben. Er zeigt, dass sogar die subtilsten natürlichen Farbtöne von Blattwerk und Blüten neben einer kräftigen Kunstfarbe besser zur Geltung kommen können.

Die bemalten Felsen sollen dem Garten zudem einen fantastischen Touch verleihen, und man kann sich diesen Ort gut als Schauplatz eines Science-Fiction-Films vorstellen. Eine ans Weltraum-Zeitalter gemahnende Wasserglocke, die in einem Flussbett aus Glasmurmeln ruht, trägt sehr zu diesem Eindruck bei. Zudem besitzt der Garten ein mystisches Element: Die blaue Mauer wird auf einer Seite von einer fensterförmigen Öffnung unterbrochen. Durch diese Glasscheibe kann man einen verlockenden, wenngleich durch den Wasservorhang leicht verschleierten Blick auf etwas erhaschen, das wie ein weiterer, unerreichbarer Garten dahinter anmutet.

Die leuchtende Farbe der Felsen sorgt in Verbindung mit der bunten Zufahrt und dem Überbau für ein Umfeld, das das eindringende Auto auffängt. Pflanzen, z. B. Baumfarne fungieren als natürliche Konkurrenten des Autos, indem sie den Blick von ihm ablenken. Dieser Garten ist eine fantasievolle Reaktion auf eine Welt, in der das Auto als unentbehrlich gilt.

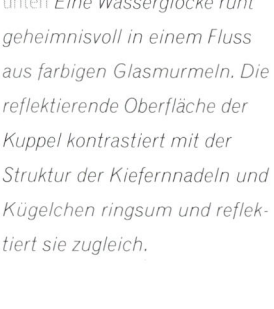

unten *Eine Wasserglocke ruht geheimnisvoll in einem Fluss aus farbigen Glasmurmeln. Die reflektierende Oberfläche der Kuppel kontrastiert mit der Struktur der Kiefernnadeln und Kügelchen ringsum und reflektiert sie zugleich.*

rechts *Ein Bogen aus leuchtend blau bemalten Felsen lenkt den Blick auf den bunt gemusterten Sitzbereich und die Zufahrt aus gefärbtem Makadam dahinter. Die gewölbten Wedel der Baumfarne nehmen die künstliche Biegung der bunten Stahlstangen auf, die darüber eine diagonal durch den Garten verlaufende Sichtblende bilden. Sie soll eine sowohl reale wie psychologische Grenze zwischen Haus und Straße schaffen.*

ATLANTIS MARIPOSA

HELGA & HANS-JÜRGEN MÜLLER

Der Wunsch, ein humanistisches und ökologisches Paradies zu erschaffen, inspirierte die Kunstgaleriebesitzer Helga und Hans-Jürgen Müller zur Planung eines Gartens, der eine wahre Augenweide geworden ist. Unter Verleztung aller Regeln konventioneller Gartengestaltung kreierten sie einen eigenwilligen Garten voller wunderbarer Ideen, in dem Kunst und Landschaft verschmelzen.

Die Müllers begannen 1984 mit der Planung ihres Atlantis-Projekts, das zur Gründung eines Kulturzentrums führte, in dem Künstler, Wissenschaftler, Geschäftsleute und Politiker zusammenkommen, um humanistisches Denken und ökologisches Bewusstsein zu fördern. Mit der Unterstützung vieler bedeutender Leute, unter anderem auch des Dalai Lama, war es den Müllers möglich, die Realisierung ihres Projekts am gewählten Ort bei Arona an den Südwest-Hängen Teneriffas in Angriff zu nehmen.

Teneriffa, vor der Südwestküste Marokkos gelegen, hat ein heißes und trockenes Klima, das jedoch durch das Meer ringsum gemäßigt wird. Die Vulkangipfel verursachen eine Thermik, d.h. aufsteigende Warmluft, die beim Abkühlen Wolken bildet. Der entstehende Regen trägt dazu bei, dass sich in der Landschaft exotische Vegetation und zerkluftet-steinige Vulkanhängen mischen. Diese Landschaft beeinflusste auch das Design des Gartens bei Arona. Das hoch gelegene Grundstück am Hang eines Vulkans bietet eine großartige Aussicht über das Meer und die Berge.

Die Gebäude des Kulturzentrums sind um den höchsten Punkt des straßennahen Grundstücks angeordnet – unregelmäßig und auf unterschiedlichen Niveaus. Hinter ihnen fällt das Gelände ab, an einzelnen Stellen sogar recht steil. Die Gebäude sind eher klein und und in volkstümlichem Stil gehalten, so dass sie sich unauffällig in die natürliche Umgebung einfügen. Die meisten wurden auf traditionelle Weise gebaut, und zu ihren typischen Merkmalen gehören Bruchsteinmauern – z.T. verputzt und mit Pastellfarbe gestrichen – und Dächer aus Stroh oder Terrakotta-Ziegeln. Die Originalität dieses Ortes liegt jedoch nicht in den einzelnen Gebäuden, sondern in der Art ihrer Anordnung, die aus den topographischen Gegebenheiten des Geländes das

rechts *Dieser Farbplan zeigt die unregelmäßige Anordnung der Zentrumsgebäude am Kamm eines abschüssigen Straßengrundstücks. Hinter ihnen entfaltet sich das zwanglose, krummlinige Design des Gartens mit einer Reihe scheinbar wahllos miteinander verbundener Flächen.*

unten *Dieses mosaikartige »Pflaster« ist ein Beispiel für die Detailliebe in diesem Garten. Das Blumenmuster entstand durch Einzementierung zahlreicher, naturfarbener Steinfragmente.*

Beste machen soll. Man verstand sie nicht als Einzelgebilde bzw. anmaßenden architektonischen Eingriff, dem die Landschaft zu entsprechen hat, sondern als Teil eines landschaftsgestalterischen Experiments, das mit ihnen beginnt und in dem steinigen, abschüssigen Garten dahinter seine Fortsetzung findet.

Eines der wichtigsten architektonischen Elemente ist in der Tat auch landschaftlich bedingt – eine Reihe von Stufen namens »Goldene Treppe«, die in der Nähe des »Sternhauses« zum Garten hinabführen. Im Grunde ist der Garten ein steiniger Hang, wurde aber an einigen Stellen terrassiert und an anderen so behandelt, dass er »natürlicher« wirkt. Seine Hauptbestandteile sind Steine und Kiesel verschiedenster Größen und Farben, die vielfältig und fantasievoll eingesetzt wurden. Man sieht aus Schieferstückchen gebildete Hügelchen und Geröllhänge, bei denen die Steine nach Farbe und Größe getrennt wurden. An einigen Stellen bildet der Kies einen unregelmäßigen Weg, an anderen fungieren Steine und Kies als Mulch, aus dem einzelne Sukkulenten oder Kakteen wachsen. Für die festeren, z.T. höher gelegten Fußwege wurden größere Steine mit Zement verbunden. Die Künstler Pompeo Turturiello und Harald Voegele haben bei ihren Besuchen sogar Steine in skulpturaler Form angeordnet.

Der Garten folgt keinem strengen Entwurf, sondern passt sich den Konturen des Berghangs darunter an, während er quasi abwärts gleitet. Das von Kreisen und Kurven bestimmte Design entwickelt eine Reihe zusammenhängender Bereiche, doch für die Müllers ist dabei nicht die Anordnung der einzelnen Teile entscheidend; der Inhalt der einzelnen Bereiche ist ihnen wichtiger. In der Oberflächenbehandlung und der Schaffung skulpturaler und landschaftlicher Events zeigt sich eher die Liebe zum Detail denn ein Interesse am Ganzen. Während die modernistischen Hauptströmungen von Architektur und Design meist das entgegengesetzte Prinzip vertreten, sind die Schöpfer dieser Landschaft Einzelgänger, die die Konvention ablehnen – zugunsten einer Gartengestaltung, die mehr mit Volks- oder »Außenseiter«-Kunst gemein hat. Gerade dies macht Atlantis Mariposa so außergewöhnlich.

Zur vorwiegend traditionellen, einheimischen Bepflanzung gehören Kiefern, Palmen, Aloen, Kalanchoen und Kakteen. Die Terrassen seitlich der »Goldenen Treppe« sind mit niedrigen, teppichartigen Bodendeckern wie z.B. Kriechwacholder bepflanzt, aus denen sich vereinzelte, statuenhafte Kakteen erheben. Die wirkungsvollste Bepflanzung erzielte man dort, wo Sträucher, Sukkulenten und Kakteen gruppenweise oder isoliert in einem kontrastierenden Mulch aus farbigen Steinen und Kies platziert wurden. Weiche Sukkulentenformen und stachelige Kakteen werden von der rauen Oberfläche ringsum akzentuiert. Am besten

links *Eines der vielen skulpturartigen Objekte, die man rings um die Häuser und im Garten des Zentrums sieht. Dieses hier wurde von Villaroya und Theisen aus Dachstroh gefertigt und wirkt inmitten verputzter Mauern struktur belebend. Die steinerne Türumrandung (rechts) rahmt eine Landschaftsansicht.*

rechts *Diese Gruppe gelber Kakteen bildet in einem Bett aus roten Steinen eine geordnete Linie. Auf der höher liegenden Terrasse dahinter steht eine einzelne, baumartige Sukkulente, deren Form sowohl vom dunklen Hintergrund als auch dem groben weißen Kies unter ihr hervorgehoben wird.*

ATLANTIS MARIPOSA 35

wird die Stimmung dieses Ortes jedoch von der schrulligen Anpflanzung rundlich-stacheliger, gelber Kakteen widergespiegelt: Gleich kleinen Stachelschweinchen scheinen sie ungehindert den Hang hinaufzuhuschen. Dieser ausgefallene Umgang mit der Bepflanzung ist nur eines von vielen Merkmalen, die dem Garten seinen einzigartigen Charakter verleihen.

Freiräume wurden durch Kunstwerke und ungewöhnliche Mittel der Landschaftsgärtnerei belebt. Dazu gehören farbige, in den Boden eines großen Hofes eingelassene Glasmurmeln und ein rätselhaftes, großes, halb-konisches Objekt aus Dachstroh, das sich an eine verputzte Mauer lehnt. Dann gibt es noch den »Roten Platz«, der mit groben roten Steinen »gepflastert« ist. In seiner Mitte befindet sich ein weißer, mit Kies ausgestreuter Teich, den eine kleine, künstliche Quelle speist. In einem flacheren Bereich des Gartens zementierte man einen festen Boden aus verschiedenfarbigen Steinen, die ein Mosaik mit Blumenmuster bilden. Überall fällt etwas ins Auge, oft verbunden mit einer Wechselwirkung zwischen Kunst und Natur: Stamm und Zweige eines Feigenbaums wurden blau gestrichen; eine eckige, beinahe stachelige Skulptur von Hans-Jürgen Müller steht direkt neben einem echten Kaktus; an anderer Stelle wurde ein Kaktus gezogen und künstlich in Form eines Menschen gebracht. Die Landschaft von Atlantis Mariposa ist voll von derartigen Überraschungen.

oben *Eine schwungvolle Kaskade leuchtend roter, bodendeckender Sukkulenten wird wie ein Lavastrom von einem kühlen, ruhigen Teich aufgehalten.*

rechts *Geröllhänge, Pfade und Rampen aus Steinen unterschiedlicher Art und Größe sorgen für Kontraste. In dem V-förmigen Gebilde aus aufgeschichteten Steinen (Mitte oben) steht eine Skulptur von Turturiello und Voegele.*

DER KUHLING-GARTEN

TOPHER DELANEY

Dieses Gartendesign für ein Vororthaus in Palo Alto (Kalifornien) war die alternative, zeitgemäße und individuelle Lösung für einen Kunden, der sich seinen Garten als friedlichen, besinnlichen Ort vorstellte.

Ein breiter Weg aus poliertem schwarzen Granit führt durch zwei ausschließlich mit Irischem Moos (Helxine soleirolii) bepflanzte Rabatten zum Haupteingang des Hauses. In diesen flachen Beeten ruhen gläserne »Felsen«, die dank einer versteckten faseroptischen Beleuchtung in der Nacht leuchten. Sie sorgen für Atmosphäre, dienen aber auch zur Beleuchtung des Weges zur Eingangstür. Ein zweiter, schmalerer Pfad aus schwarzem Beton schlängelt sich durch die Anpflanzung seitlich zum Haus.

Dieses Design stellt trotz seiner Schlichtheit eine radikale Alternative zum konventionellen Vorgarten dar. Sein faszinierender Anblick beruht auf dem Zusammenspiel dreier Oberflächenstrukturen: des festen, glatten Fußwegs, der weichen, zierlichen Anpflanzung und der glänzenden, eckigen Glasflächen. Dieser Vorgarten regt den Besucher zum Nachdenken an. In anderen Vorgärten wird dagegen meist nur wenig unternommen, um das Auge zu fesseln: Rasen, Zufahrt und vereinzelte Hecken und Anpflanzungen sind weder für Besitzer noch für Besucher besonders interessant. In den großen Gärten des 18. und 19. Jhs. beschreibt der lange Zufahrtsweg vom Haupttor aus oft einen weiten Bogen, um das Grundstück und schließlich das Haus optimal zu präsentieren. Auf der großen Terrasse vor dem Haus empfing man die Gäste, und diese konnten von hier aus die beeindruckende Aussicht bewundern. Als die Privathäuser nun immer kleiner und zahlreicher und die Grundstücke immer teurer wurden, verlor der Vorgarten seine Bedeutung. Dieser kleine, hinter einer Kamelienhecke versteckte und so von der geschäftigen Straße aus nicht einsehbare Vorgarten erfüllt eine andere Funktion. Er soll als Pufferzone zwischen dem städtischen Arbeitsalltag und dem privaten Bereich dienen: Die Kombination aus gläsernen »Felsen« und Moos wirkt beruhigend. Topher Delaney ist spezialisiert auf solche maßgeschneiderten Gärten, die der Persönlichkeit seiner Kunden entsprechen.

Man verband den Vorgarten mit dem Garten hinter dem Haus durch Verwendung desselben Bodenbelags aus schwarzem Granit vor dem Haus und im Gebäudeinnern. Sein Schwarz und das Dunkelgrün des Mooses dominieren im Vorgarten; im hinteren Garten dominieren Blau und Gold – ersteres in Form einer langen, niedrigen Mauer, die den Patio auf der Rückseite des Hauses begrenzt und in lavendelblauen Tönen gestrichen ist; diese Farbgebung reflektieren zwei parallele Blöcke von Lavendelhecken längs der Mauer. Mauer und Hecken bilden eine Seite des Hofes, der in dem kleinen Garten auf der Rückseite (etwa 12 x 20 Meter) angelegt wurde. Zudem gibt es am äußeren Ende des Gartens einen Laven-

links *Im Vorgarten ruhen durchscheinende, faszinierend geformte »Felsen« aus blauem Glas in einem üppigen, grünen Bett aus Irischem Moos. Von innen beleuchtet, glühen sie kühl und geheimnisvoll und erhellen den nächtlichen Weg zum Eingang.*

unten *Den nach hinten verlegten Eingang des Hauses erreicht man über einen schwarzen Granitweg, der breit genug ist, um einen hofähnlichen Bereich zu bilden. Er durchläuft das Haus und taucht an der Rückseite wieder auf, wo er sich zu einem Sitzbereich erweitert. Vorne wird er von zwei ausschließlich mit Irischem Moos bepflanzten Rabatten flankiert. Darin ruhen Stücke aus blauem Glas, die dank einer faseroptischen Beleuchtung matt leuchten. Ein schmaler Pfad aus schwarzem Beton – »The Scholar's Walk« – schlängelt sich durch die Anpflanzung.*

rechts *Dieses Wasserelement schmückt den hinteren Gartenbereich. Auf einem Naturstein-Obelisken liegt eine dünne, elliptische Glasschale mit sprudelndem Wasser. Das helle Blau des Glases wird von dem üppig in der Nähe angepflanzten Lavendel und der blauen, den Patio abgrenzenden Mauer widergespiegelt.*

unten *Der Grundriss zeigt die Gärten vor und hinter dem Haus (links bzw. rechts) und ihre Beziehung zum Haus. Im Vorgarten dominieren die einfache Farbe und Struktur des Irischen Mooses, wogegen Lavendelblau und Gold das Farbschema des hinteren Gartens bilden.*

del-Kies-Bereich, der vom Hof durch eine hohe Sichtblende abgetrennt ist. Dieses spitz zulaufende, dreieckige Landstück wird vom Designer als »Kreuzgang« bezeichnet. Die hohe Sichtblende auf der einen Seite und die wächtergleichen Zypressen auf der anderen verleihen ihm eine beinahe architektonische Präsenz.

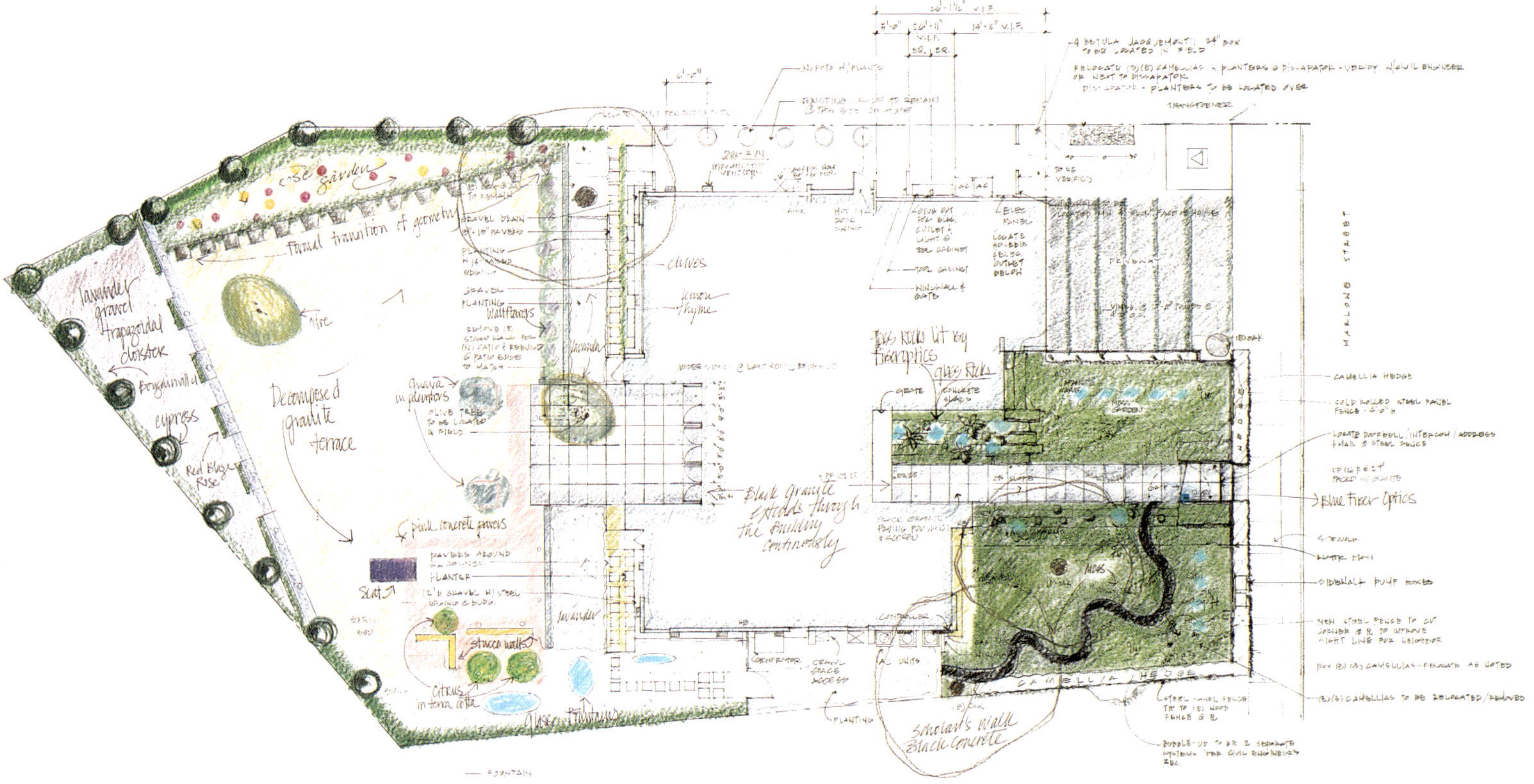

Die Goldtöne des Hofes liefert das Zusammenspiel von goldfarbenem Kies, weichem, rotgoldenem Steinpflaster und vor allem zwei großen, freistehenden, in sattem, dunklem Gold gestrichenen Stuckwänden. Ihre Wirkung wird durch die nahe Platzierung einer schlichten Steinbank und eines einzelnen Natursteins – neben einfachen Terrakotta-Kübeln mit immergrünen Zitrus- und Guavenpflanzen – noch verstärkt. Diese Wände befinden sich an einer Seite des Hofgartens und bilden einen schönen Blickfang. Die L-förmige Wand könnte auch eine Funktion erfüllen, nämlich Gartengeräte abzuschirmen. Im offenen Bereich hinter der anderen Wand befinden sich weitere Töpfe mit Zitrusgewächsen und ein einfaches Wasserelement – blau wie der Lavendel davor. Es besteht aus einem Naturstein-Obelisken, der eine flache, blaue Glasschale mit sprudelndem Wasser trägt. Eine der Wände ist quadratisch, die andere rechteckig, doch in Farbe und Geometrie sind sie beide eine Hommage an den berühmten mexikanischen Landschaftsarchitekten Luis Barragán. Sein Werk beschwört nicht nur die lebhaften Farben seiner Heimatstadt Guadalajara, sondern

enthält auch viele Hinweise auf die im Mittelmeerraum heimische Baukunst und weist islamische Einflüsse auf.

Die beiden anderen Seiten des Hofes grenzen hohe Sichtblenden aus Metall ab, die eine ästhetische wie auch praktische Funktion haben, da sie eine Privatsphäre schaffen. Die Hauptwand schirmt die gesamte Längsseite des Hofes ab und besitzt einen niedrigen Stucksockel, der in demselben Lavendelblau gestrichen ist wie die Mauer, die den Patio einfasst. Sie hat fünf Öffnungen in gleichem Abstand, deren Größe von Öffnung zu Öffnung um 30 cm abnimmt, wobei die Wand jedoch immer höher wird (von 2,5 Meter am tiefen bis zu 4,5 Meter am hohen Ende). Diese Geometrie erzeugt eine Reihe unterschiedlicher Öffnungen, durch die die Sonne ständig wechselnde Schatten wirft. Die dunkleren Balken auf der horizontalen Goldfläche des Hofes erzeugen eine ruhige Atmosphäre. Die geraden Linien der Sichtblende werden von Unmengen von Kletterpflanzen (darunter rote Rosen und Amerikanische Klettertrompete) aufgelockert. Die Trennwand jenseits des »Kreuzgangs« wurde mit Bougainvilleen bepflanzt, und all diese Blütenpflanzen sorgen noch für weitere Farbnoten, die an die leuchtende Palette Barragáns erinnern.

In der Nacht erhält der Garten eine weitere Dimension: So wie die Beleuchtung die gläsernen »Felsen« im Vorgarten theatralisch hervorhebt, bringen andere Lichtquellen die dunkel-goldenen Wände im hinteren Garten erst richtig zur Geltung.

oben In der Dämmerung unterstreicht die Beleuchtung die Farbe der Wände. Rotgoldene Betonplatten und goldfarbener Kies verstärken diesen Effekt, der das Lavendelbeet und die blaue Mauer zur linken aus dem Blick schwinden lässt. Zitrus- und Guavengewächse in Terrakotta-Kübeln liefern Miniaturbilder der Bäume im Hintergrund.

DER ODENWALD-GARTEN

SIEGFRIED & RI SPECKHARDT

Hier haben ein Künstler und eine Gartenexpertin einen ganz besonderen Garten angelegt, in dem Skulpturen nicht als Sammlung einzelner Stücke vor einer Hintergrund-Bepflanzung präsentiert werden. Vielmehr gehen Skulptur und Natur in diesem ungewöhnlichen Garten eine enge Verbindung ein.

Der Garten gehört seinen Schöpfern, Siegfried und Ri Speckhardt, und liegt im Odenwald. Ri Speckhardt geht mit Gespür auf die Lage des Gartens in diesem außergewöhnlichen, von Flusstälern und Wäldern beherrschten Teil Deutschlands ein. Sie hat Farne und schattenverträgliche Pflanzen eingesetzt, um den Bewuchs dem dichten Waldland ringsum anzupassen. Siegfried Speckhardt fertigt Skulpturen aus gebrauchten Objekten. Seine Skulpturen und Gebilde sind integraler Bestandteil des Gartens und teilen sich den Platz mit der von seiner Frau entworfenen Bepflanzung.

Die Haupttore zu Haus und Garten lassen den Besucher bereits erahnen, was ihn dahinter erwartet. Sie bestehen zwar aus Eisen, haben aber keine Ähnlichkeit mit traditionellen schmiedeeisernen Gartentoren, die in der Regel mit heraldischen, pflanzlichen oder in jüngerer Zeit auch abstrakten Muster verziert werden. Diese Tore sind aus unterschiedlichen Metallteilen gefertigt. Dazu gehört ein Paar kleiner, gusseiserner Räder in der Mitte, die ihr Gewicht stützen und das Öffnen und Schließen erleichtern. An dem Rahmen aus Winkeleisen und Stahlgitter sind gefundene Objekte befestigt, darunter das große Sägeblatt einer Kreissäge. Pfiffigerweise verwendete man einen Schraubenschlüssel als Riegel und krönte die Tore mit einer Fahrradfelge, die anscheinend keine besondere Funktion hat.

Ausrangierte Haushaltsgegenstände sowie Fundstücke vom Schrottplatz versorgen den Künstler mit den Rohmaterialien für seine Arbeit. Bei den Gebilden, die nicht alle frei stehend sind – wie z. B. die Tore –, kombiniert er oft Metall, Stein und Holz.

Bei vielen Skulpturen und Konstruktionen erfüllt die Farbe eine wichtige Funktion. In einigen Fällen vereint sie unterschiedliche Materialien und Formen, in anderen definiert und akzentuiert sie

unten *Eine blau gestrichene, tempelartige Konstruktion ist das Kernstück dieses Gartens mitten im Wald. Das Werk aus Altmetall (darunter Stahlgitter und gefundene Objekte) wird nach und nach von der Vegetation besiedelt. Links wehrt sich eine Skulptur in lebhaften Farben gegen die kühl-grüne Bepflanzung.*

die Form. Blau ist eine von Siegfrieds Lieblingsfarben – die »Farbe des Himmels und der Fantasie«. Ein dunkelblauer Tempel bildet den Mittelpunkt des Gartens, und die Gartenmöbel sind in demselben Ton gehalten. Rot, das für den Künstler »Feuer und Leben« repräsentiert, ist die Farbe der Kugeln, die den von der einfachen Kuppelspitze des Tempels herabhängenden »Kronleuchter« verzieren. Der offene Bau, der früher die Reste eines von ihm selbst entworfenen Theater-Bühnenaufbaus beherbergte, wird oft für zeitgenössische Ausstellungen genutzt.

Der Tempel besteht aus wiederverwerteten Röhren und Stahlrohren und hat Wände aus verschweißtem Stahlgitter, wie es normalerweise zur Verstärkung von Betonplatten und Straßen verwendet wird. Dann ist da noch Speckhardts Markenzeichen, ein Rad eines Fahrrads, das drehbar an einem der vorstehenden Rohre gelagert ist – möglicherweise eine Hommage an den französischen Dadaisten Marcel Duchamp. Der Tempel steht innerhalb einer unregelmäßigen Steinmauer, und der Efeu darf sich an seinen blauen Rahmen emporranken, so dass die Konstruktion am Ende zwangsläufig von Pflanzen überwuchert sein wird – was ihren Schöpfer anscheinend nicht beunruhigt. Viele der Kunstwerke in dem Garten stehen in der Tat in Beziehung zu ihrer natürlichen Umgebung oder verschmelzen sogar mit ihr. Einige der Skulpturelemente sind auch an Pflanzen befestigt. So hängen z. B. bunte Metallbänder an Farnen, versehen sie mit künstlichen Blumen und schmücken sie wie einen Weihnachtsbaum.

Viele Stücke spielen regelrecht mit der Beziehung zwischen Pflanzen und Skulpturen. Passend zum steinernen Kopf einer Löwin auf einem Pfeiler im hausnahen Hof findet sich der ihres Kameraden – ebenfalls in Stein, aber mit einer Mähne aus wucherndem Efeu, der eine weitere Überraschung bietet: Seltsame, kleine Gesichter spähen aus ihm hervor. In einer anderen Arbeit wurden aus Streckmetallgitter bunte, palmblattförmige Blätter geformt; kombiniert mit einem Stamm in der Mitte, einem Knäuel Holz und roten, beerenartigen Kugeln ergeben sie die schlichte Imitation einer Pflanze. Unweit davon wurden eine Blechdose und ein grob zurechtgeschnitzer Holzklotz zu einem schon leichter erkennbaren Vogel kombiniert.

Ein Teich ist von feuchtigkeitsliebenden Pflanzen umgeben; dazwischen ein klappriges Deck aus grob zurechtgehauenen Baumstämmen und Zweigen. An einem gleichermaßen rustikal wie instabil wirkenden Handlauf wurden allerlei Fundstücke befestigt, darunter eine große Feder, Ketten und ein Spaten ohne Griff. Eine Skulptur aus zwei Fahrradfelgen dient als unorthodoxe Stütze für Pflanzen, deren Triebe sich um die strahlenförmigen Speichen winden. Einige der Skulpturen bestehen aus verwittertem Holz oder Stein, und ein paar Metallskulpturen hat man rosten lassen.

unten Aus ausrangierten Fahrrad-Rädern kreierte Siegfried Speckhardt eine amüsante Skulptur, die Kletterpflanzen als Stütze dient. Die rostende Metallkonstruktion bildet zugleich den eleganten Rahmen für ein paar Fingerhutpflanzen.

links Metallgitter in leuchtendem Grün und Gelb wurden zu Blättern für eine stilisierte Palme zurechtgeschnitten. Diese Skulptur befindet sich in einer Anpflanzung aus Farnen und Holunderbüschen, die den Waldbereich dieses Gartens bilden.

Durch ihren natürlichen Farbton sind sie inmitten der Bepflanzung fast unsichtbar. Viele werden verrotten, zerfallen und so wieder Teil der Natur.

Der Garten ist voll von mehrjährigen Pflanzen und Farnen, die einen interessanten Kontrast zu vielen Skulpturen bilden. Das üppige, grüne Blattwerk kontrastiert gut mit den Farben, die Speckhardt in seinen Arbeiten verwendet. Da weite Teile des Gartens tagsüber meist über im Schatten liegen und der nahe Bach für ausreichend Feuchtigkeit sorgt, eignen sich hier feuchtigkeitsliebende Pflanzen wie z.B. Farne ideal. Der Farn *Metteuccia struthiopteris* und der Königsfarn *Osmunda regalis* gedeihen neben blühenden Feuchtigkeitsliebhabern wie *Rodgersia*, *Astilbe*, *Ligularia* (Goldkolben) und *Aruncus* (Geißbart). Auch Hortensien, die hier riesige Blätter bilden, bevorzugen diese Bedingungen. Wo die Sonne in den Garten vordringt, hat Ri Speckhardt Kräuter gepflanzt – darunter viele unbekannte Arten wie japanisches Basilikum und vietnamesischen Koriander.

Speckhardts Skulpturen gehören innerhalb der modernen Skulptur eher zur Volkskunst, selbst wenn sie in Form und Aufbau den Arbeiten von Marcel Duchamp, den Konstruktivisten und den kinetischen Werken des schweizer Bildhauers Jean Tinguely verpflichtet sind. Die Skulpturen und die von von seiner Frau gestaltete Bepflanzung sind gleichermaßen wichtig; und neben einer guten Portion Humor ist es die enge Beziehung zwischen Gartenexpertin und Bildhauer sowie zwischen Kunst und Natur, die diesen Garten für den Besucher so faszinierend macht.

oben *In der Nähe von Bach und Teich hat Speckhardt aus Blechdosen, Holzschnitzereien und Steinen fantastische Kreaturen erschaffen, die gerade aus der üppigen Bepflanzung mit Farnen und anderen feuchtigkeitsliebenden Pflanzen aufgetaucht zu sein scheinen.*

DER TOUCHY-FEELY-GARTEN

EMILY AULT

Legt man einen Garten für ein autistisches Kind an, muss man noch einmal über Funktion und Inhalt eines Gartens nachdenken. Emily Ault hatte keine Erfahrung als Gartengestalterin. Trotzdem entwarf sie eine magische Umgebung, die für ihren Sohn George ungefährlich und doch interessant ist und allen ihren drei Kindern gefällt.

Für den siebenjährigen autistischen George wäre ein normaler Garten kaum von Nutzen und könnte sogar viele Gefahren bergen. Da man seiner Mutter erklärte, dass er für seine Entwicklung so viel Anregung wie möglich braucht, machte sie sich daran, einen fantasievollen und zugleich sicheren Garten anzulegen. Er sollte zudem ihren anderen Kindern – einem zehnjährigen Sohn und einer dreijährigen Tochter – gefallen.

Emily hatte bemerkt, dass George fasziniert war von Bodenmustern, die er auf dem Gehsteig, der Straße oder im Park wahrnahm, und erinnerte sich daran, als die Auswahl eines festen Bodenbelags anstand. Sie hätte den für Spielplätze entwickelten Sicherheits-Bodenbelag aus Gummi nehmen können, fand seine einförmige Oberfläche aber uninteressant. Stattdessen wählte sie Terrakotta-Ziegel zur Markierung von Wegen, die sich durch den Garten schlängeln. Sie sind in eine Fläche aus zufällig angeordneten Steinplatten unterschiedlicher Größe eingelassen, die in Farbe und Oberflächenstruktur stark variieren.

Ein Ziegelsteinpfad führt unter einem eisernen Durchgang hindurch und an einem Wasserspiel vorbei. Das von der Londoner Bildhauer-Gruppe Fish Bros. angefertigte Wasserspiel gleicht einem großen Pilz. Sechs Stahlbeine stützen eine Art konischen Hut aus gehämmertem Kupfer; das Wasser wird durch eine Röhre in der Mitte hochgepumpt und stürzt über den Hut hinab. Dann fließt es über Ketten, Glockenspiele und Hufeisen und erzeugt dabei wundersame Klänge. Am Ende fängt es ein

links *Die Sonne scheint durch farbige Kunststoffeinsätze in einem Spalier und wirft Muster auf das Steinpflaster. Sie stimulieren George – das autistische Kind, für das dieser Garten angelegt wurde.*

unten *Dieses faszinierende Bild des Gartens entsteht in einem handelsüblichen Zerrspiegel. Am Gartenzaun sind mehrere davon befestigt. George schaut gern hinein und ist begeistert von den Mustern, die das reflektierte Licht auf Mauern und Pflaster ringsum wirft.*

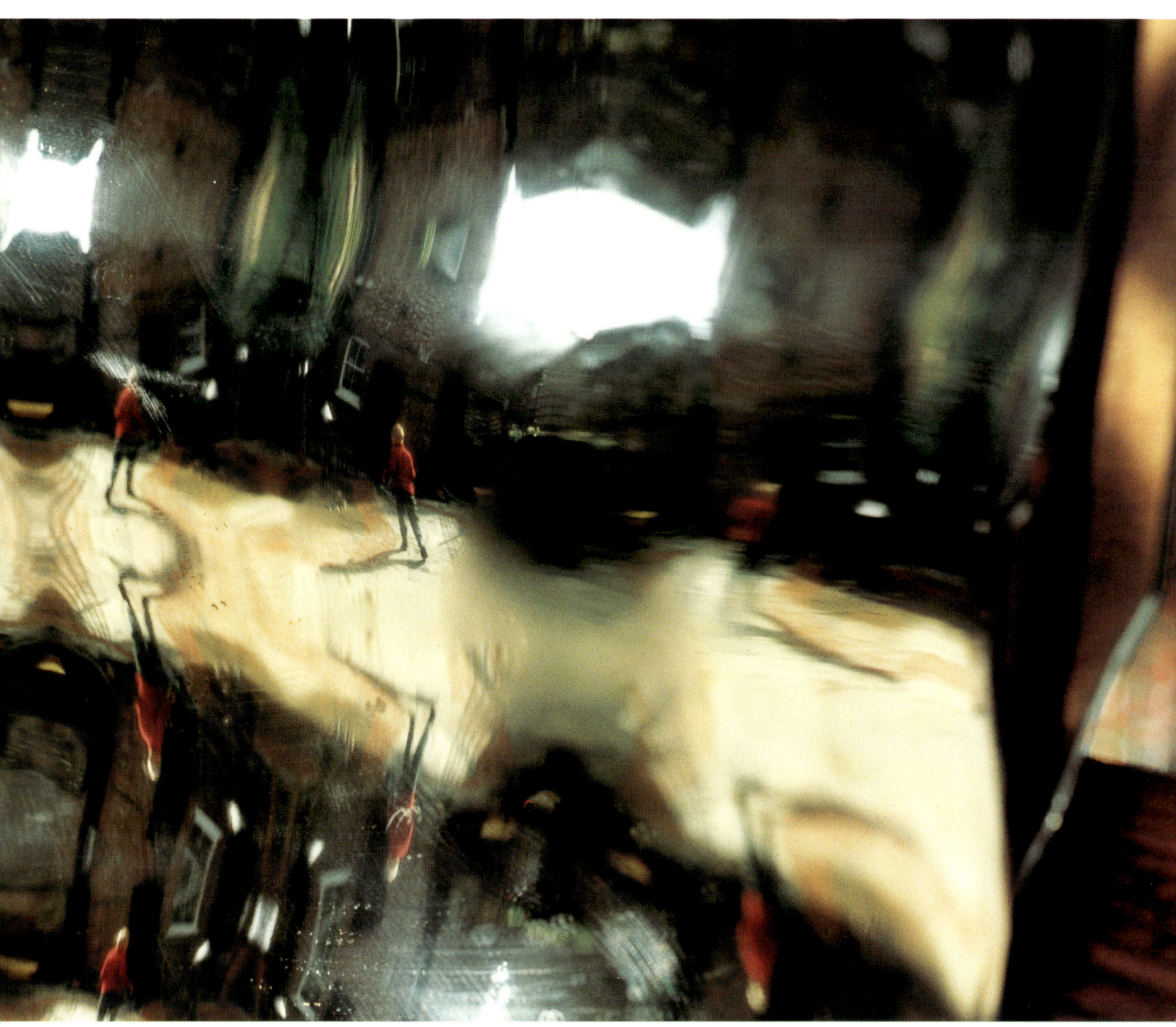

mit Kieseln sowie grünen und blauen Kugeln gefülltes Reservoir auf, das nachts reizvoll beleuchtet wird.

Da sich George für alles interessiert, was sich öffnet und schließt, hat Emily für ihn einen Pavillon aus violetten Spalierwänden gebaut. In der Wand befindet sich ein Fenster mit einem Perlenvorhang, in der Türöffnung ein Duschvorhang mit silbernen Punkten. Der Pavillon wird von einer Kuppel aus Maschendraht gekrönt, auf den regentropfengleiche Kristallperlen gezogen wurden.

Besonders gerne verfolgt George Lichtmuster an Wänden und auf dem Boden. In die Lücken der Spalierwand wurden daher durchscheinende, farbige Kunststoffquadrate gesetzt, die farbige Figuren auf den Boden werfen, wenn die Sonne durch das Spalier scheint. Emily hat ausrangierte CDs an einen Apfelbaum gehängt, die im leichten Wind schaukeln und ein verwirrendes Spiel aus Lichtreflektionen erzeugen. An Zäunen oder Spalierstücken hat sie Zerrspiegel aus Kunststoff befestigt, die bei Tage ebenfalls zur Light-Show beitragen.

Da George alles Mögliche in den Mund nimmt, gibt es nur ungiftige Pflanzen in dem Garten. Duftende Kräuter wie Rosmarin, Salbei, Zitronenminze, Heiligenkraut, Kamille, Lavendel und Thymian sind in Nischen und Kübel gepflanzt. Dazu kommen noch Pflanzen mit farbigen, duftenden oder ungewöhnlichen Blüten, darunter Passionsblume, Jasmin und Veilchen. Das Gras *Molinia caerulea* und eine Agave wurden aufgrund ihrer interessanten Struktur bzw. Form ausgewählt.

Durch den Touchy-Feely-Garten, wie er liebevoll genannt wird, ist George unabhängiger geworden und kann jetzt ohne die ständige Aufmerksamkeit seiner Mutter ungefährdet spielen.

links *Ein pavillonartiger Raum aus Spalierwänden mit einem Fenster mit Perlenvorhang und einem Duschvorhang als Tür wurde aufgrund von Georges Vorliebe für Türen und Fenster entworfen. Die ausgewählten Materialien gewährleisten hier wie im gesamten Garten eine sichere und anregende Umgebung zum Spielen.*

rechts *Da sie Georges Interesse an Oberflächenmustern kannte, legte seine Mutter Terrakottaziegel längs aneinander zu Pfaden, die sich durch einen mit Steinplatten ausgelegten Bereich schlängeln. Diese Pfade wirken verlockend und werden von allen drei Kindern gern als Fahrradwege benutzt.*

DER TOUCHY-FEELY-GARTEN

DER GESPLEISSTE GARTEN

MARTHA SCHWARTZ

Die unwirtliche Dachterrasse in Cambridge (Massachusetts) war für Martha Schwartz eine wahre Herausforderung. Ihre phantasievolle Lösung widerspricht unserer Vorstellung vom Garten als einem Ort, an dem Pflanzen wachsen, denn dieser Garten ist nicht das, was er zu sein scheint.

Der 8 x 10 Meter große Bereich liegt auf dem Dach eines neunstöckigen Bürogebäudes, in dem ein Zentrum für Mikrobiologie untergebracht ist. Sein Direktor David Baltimore gab den »gespleißten Garten« im Rahmen einer Kunstsammlung in Auftrag.

Durch die hohen Mauern erscheint die hofähnliche Terrasse dunkel und wenig einladend. Ein weiteres Problem besteht darin, dass der Boden nicht stark genug ist, um viel zusätzliches Gewicht zu tragen. Behälter mit einer für Anpflanzungen ausreichenden Menge Erde wären zu schwer, und zudem gab es auf dem Dach keinen Wasseranschluss und nur wenig Geld für die Gartenpflege. Daher war die Verwendung lebender Pflanzen bereits ausgeschlossen.

Der einfachste Weg, die Terrasse sowohl attraktiver als auch nutzbarer zu machen, wäre ihre Verschönerung durch widerstandsfähige landschaftsgärtnerische Elemente gewesen – z.B. eine Wanddekoration, ein Bohlenbelag für den Boden und bequeme Sitzgelegenheiten. Da es jedoch unmöglich war, hier einen richtigen Garten mit Pflanzen anzulegen, entschloss sich Schwartz, stattdessen einen Fantasiegarten zu entwerfen. Ihre Strategie war es, in Whitehead »einen Garten mit Hilfe von Abstraktion, Symbolik und Anspielungen zu erschaffen.« Alle »Pflanzen« hier sind Imitationen. Die gestutzten Buchsbaum-Hecken, die zugleich als Sitzgelegenheit dienen, bestehen aus gewalztem, mit Kunstrasen überzogenem Stahl. Auch grüner Kies

links Eine Ansicht der »Spleißung« – der Linie, an der zwei Gärten abgeschnitten und dann zusammengefügt zu sein scheinen. Links befindet sich ein Garten im Stil der französischen Renaissance, rechts ein surrealistischer japanischer Zen-Garten. Die gestutzte runde »Buchsbaum-Hecke« ist das Zentrum des Trugbilds.

unten *In dieser merkwürdigen Verfremdung eines traditionellen japanischen Zen-Gartens ersetzt ein kunstvoll zurecht geschnittener Pompon den gebräuchlichen Felsen, und der geharkte Kies ist hier leuchtend grün.*

DER GESPLEISSTE GARTEN

und der grüne Anstrich verstärken den Eindruck, es handele sich um einen wirklichen Garten.

Schwartz thematisierte in diesem Garten auch einen Aspekt der Arbeit des Whitehead-Instituts – nämlich die Gentechnologie –, indem sie ihn nach einem als »Spleißung« bezeichneten Prozess benannte, bei dem DNA-Teile mit einer gewünschten Eigenschaft isoliert und mit der DNA eines Wirtsorganismus zusammengeführt werden. In einfachen Worten: Zwei verschiedene Entitäten werden angeschnitten und dauerhaft miteinander vereint. Der Garten spielt mit dem Gedanken, dass diese Forschung Risiken birgt – insbesondere die Möglichkeit, dass Monster entstehen, denn er selbst ist eine Art Monster, gleicht einer Kreatur, die einem auf Jahrmärkten in der Geisterbahn begegnet. Er besteht aus zwei Gärten zugleich, die wie siamesische Zwillinge miteinander vereint sind. Sie stammen aus völlig unterschiedlichen Kulturen, außerdem ist es dabei zu Veränderungen gekommen, die an ein misslungenes Kreuzbefruchtungs-Experiment erinnern.

Eine Hälfte orientiert sich an einem französischen Renaissancegarten, die andere an einem japanischen Zen-Garten. Doch die Elemente, die diese beiden Gartentypen ausmachen und ihnen traditionellerweise zugeordnet werden, sind eine surreal wirkende Verbindung eingegangen. Die für einen Zen-Garten typischen Felsen haben sich unter Einfluss des französischen Gartens in kunstvoll beschnittene Pompons gewandelt; einige dieser künstlichen zurechtgeschnittenen Bäume und Sträucher ragen sogar aus der grünen Wand. In den »Buchsbaumhecken« des französischen Gartens »wachsen« überraschenderweise Palmen und Koniferen.

Eine kreisförmige Buchsbaum-»Hecke« wurde etwa in der Mitte glatt durchgeschnitten, um die Vorstellung einer Glasscheibe zu erwecken, die die beiden Gärten zu trennen und doch zu verbinden scheint. Die Buchsbaumhecken, die direkt an diese Trennwand stoßen, verstärken diesen Eindruck noch. An dieser Trennlinie erfolgt praktisch die »Spleißung«.

Schwartz' kühne Verwendung von Kunstpflanzen hinterfragt die Vorstellung des Gartens als Lebensraum für Pflanzen. Und obwohl dieser Ort illusorisch, ja surreal ist, sieht er noch immer aus wie ein Garten. Mit diesem Trugbild hat die Künstlerin sowohl einen äußerst unkonventionellen Garten als auch ein Kunstwerk erschaffen.

rechts *Verweise auf Buchsbaumhecken, Sträucher, Bäume und geharkten Kies und das vorherrschende Grün lassen diese Montage echt wirken, aber die »Pflanzen« leben nicht. Die Hecken aus gewalztem, mit Astroturf überzogenem Stahl dienen als optische Elemente und Sitzgelegenheiten.*

DER GESPLEISSTE GARTEN

HIGH-TECH-LÖSUNGEN

HIGH-TECH-LÖSUNGEN

Die Gartendesigner des 20. Jhs. hegten lange eine Abneigung gegen die zunehmende Abhängigkeit von der Technik, wenngleich die moderne Wissenschaft zur Entwicklung neuer Pflanzen beitrug und ihre Pflege erleichterte. Daher überrascht es, dass sich die Gartengestalter ausgerechnet von der futuristischsten zeitgenössischen Designsprache inspirieren ließen, als sie sich die Ästhetik der Industriewelt aneigneten – nämlich vom High Tech. In der Architektur war diese radikale Designrichtung, eine Verschmelzung von hochentwickeltem Stil und moderner Technologie, durch Einsatz und Zurschaustellung von Präzisionstechnik gekennzeichnet. Versorgungseinrichtungen der Gebäude wurden völlig freigelegt; man exponierte z.B. Luftkanäle und Rohrleitungssysteme und versteckte sie nicht mehr wie früher. In der Innenarchitektur bot High Tech ausgefallene Möglichkeiten, spezielle Industrieerzeugnisse im Alltag einzusetzen. So wurde Fußbodenbelag aus Gummi als Tapete verwendet, und alle Arten von Flächen wurden mit Fußbodenplatten aus Aluminium versehen.

Die Verwendung handelsüblicher Industriebauteile und -materialien zur Entwicklung einer technikorientierten Ästhetik manifestierte sich auch in der Alltagskultur, etwa in Form von Möbeln aus perforiertem Stahlblech. Im exklusiveren, designbewussteren Einzelhandel zeigte sich der High-Tech-Stil noch ungebändigter: Sogar Sessel, die man sich aus gepolstertem Stoff oder Leder vorstellt, gab es aus geformtem Plastik, Glas oder sogar Metallgitter.

Gute Beispiele für High-Tech-Architektur sind die Arbeiten von Richard Rogers Partnership, die das Londoner Lloyd's-Gebäude und das Centre Pompidou in Paris entworfen haben. Beide sind durch ihr maschinenhaftes, industrielles Erscheinungsbild als High-Tech-Bauwerke erkennbar. Die Versorgungseinrichtungen wurden an den Außenwänden unkaschiert gelassen, und das Lloyd's-Gebäude verfügt sogar über fest installierte Kräne für die Wartung und Pflege seiner komplexen vertikalen Bauweise.

Einer von Rogers Partnern, John Young, hat diesen Stil auf sein eigenes Penthouse-Appartement übertragen. Diese Verwirklichung des Corbusier-Gedankens vom Haus als »Wohnmaschine« fasst den High-Tech-Gedanken zusammen. Viele Details stammen dabei aus der Luft- und Schiffahrtsindustrie, wie z.B. Landelichter von

oben *Shiro Kuramatas Sessel (1986) verzichtet auf einen gepolsterten Bezug zugunsten eines elastischen, vernickelten Streckmetalls. Sein transparentes, leichtes Aussehen ist weit von dem eines typischen Sessels entfernt, und sein Design zeigt die Möglichkeiten industrieller Materialien.*

Flugzeugen oder blitzende Steuerräder von Jachten, und eine besonders wichtige Inspirationsquelle sind Schiffe und Leuchttürme. Davon zeugen vor allem die Außenplattformen. Young, der gar keine Pflanzen einsetzte – die in ein nautisches Umfeld ohnehin kaum gepasst hätten –, baute einen gläsernen Beobachtungsraum in das obere »Deck« ein. Auf der Terrasse darunter befindet sich hinter einer Mauer aus Glasbausteinen das Badezimmer. Wird es nachts erhellt, leuchtet der zylindrische Aufbau wie die Leuchtkammer eines Leuchtturms. In anderen Terrassenbereichen erinnern auch weiße Geländer und Abzugsöffnungen an ein Schiffsdeck.

Auch zwanzig Jahre, nachdem das Centre Pompidou wie ein Raumschiff aus einer anderen Welt erschien, ist die High-Tech-Bewegung noch lebendig. Die Begeisterung für diesen Stil beruht zum großen Teil darauf, dass hier eine unbegrenzte Dekorationssprache mit einer Unzahl von optischen Metaphern entwickelt wurde.

Doch trotz seiner Beliebtheit fand High Tech erst kürzlich Eingang in den Garten. Die scharfen Kanten und reflektierenden

oben *Diese von David Stevens entworfene pyramidenförmige Skulptur vereint rostfreien Stahl, Wasser und Tulpen. Die scharfen Kanten und die reflektierende Oberfläche des Stahls werden vom Wasser belebt, das über die Pyramide fließt, und kontrastieren mit den zierlichen Blumen.*

HIGH-TECH-LÖSUNGEN 57

links *Dan Pearson kombiniert in diesem Dachgarten halbkugelförmige Dachlichter mit der Bepflanzung. Die an Science-Fiction erinnernden Kuppeln aus durchsichtigem Kunststoff verleihen dem Garten einen unorthodoxen bildhauerischen Reiz. Die Idee, High Tech und Naturelemente einander gegenüberzustellen, ist zwar einfach, aber von verblüffender Wirkung.*

rechts *In John Youngs Entwurf seines Penthaus-Appartments besitzt – in Anlehnung an Bilder aus der Seefahrt – das obere »Deck« einen eigenen Ausguck aus Glas und Stahl. Nachdem High Tech bereits in den späten 70er-Jahren zur Neubelebung der Architektur beitrug, beeinflusst es jetzt auch die Gartengestaltung.*

Materialien dieses Stils wirken in einer bepflanzten Umgebung vielleicht fremd. Aber gerade dieses auffallende Nebeneinander finden Gartendesigner interessant. Die neuen Materialien ergänzen die weicheren, organischen Strukturen und Formen der Pflanzen. Die Verwendung von High-Tech-Materialien anstelle von Ziegeln, Steinen und Holz verleiht dem Garten optische Dynamik: Spiegelartige Oberflächen z.B. geben Farben und Mustern eine zusätzliche Dimension. In einem Dachgarten, den Dan Pearson für die Chelsea Flower Show von 1996 anlegte, führte er zylindrische Behälter aus rostfreiem Stahl ein, die im Kontrast dazu mit einer natürlichen, zwanglosen Gruppierung von Birken und Gräsern bepflanzt waren.

High Tech hat dem Garten nicht nur eine neue Ästhetik verliehen, sondern besitzt auch praktische Vorteile. Für einen ganzjährig und bei jedem Wetter nutzbaren Freizeitbereich können anstelle von Gras bunte Fußbodenbeläge aus Gummi verwendet werden, die nur staubgesaugt werden müssen. Durch pflegeleichte Oberflächen und computergesteuerte Bewässerungssysteme wird der Garten fast aufwandsfrei. High-Tech-Materialien sind leicht zu handhaben und im Vergleich zu Ziegeln und Mörtel sauber. Daher können sie problemlos durch das Haus transportiert werden und eignen sich besonders gut an schwer zugänglichen Stellen. Bei den vielen ästhetischen und praktischen Vorteilen von High Tech versteht man gut, warum es den modernen Garten mitprägt.

DER SHOWA-GEDENKPARK

FUMIAKI TAKANO

Der Showa-Gedenkpark in Tokyo ist eine der wenigen öffentlichen Grünanlagen, die im 20. Jh. angelegt wurden. Kennzeichen dieses größten japanischen Stadtparks sind ausgedehnte Freizeit- und Spielbereiche.

Erst in jüngerer Zeit wurden bei öffentlichen Parks Freizeit- und Spielbereiche eingeplant – meist, indem man einfach Bereiche in malerischen Parks für sportliche Aktivitäten reservierte oder in Spielplätze mit Geräten wie Schaukeln und Rutschen umwandelte. Die Integration solcher Spielelemente folgte einem Wechsel des sozialen Klimas gegen Mitte des 20. Jhs., als man nicht mehr wollte, dass die Kinder auf der Straße spielten. Zu jener Zeit besaßen nur wenige Häuser einen eigenen Garten, und mit der steigenden Zahl von Hochhauswohnungen wuchs auch der Bedarf an Spielplätzen.

Viele dieser Plätze wurden im Rahmen von Stadtsanierungen angelegt, denn die großen öffentlichen Parks erlebten im 20. Jh. einen allgemeinen Niedergang. In Großbritannien wurde diese Art der Nutzung durch die »Britain in Bloom«-Wettbewerbe gefördert, bei denen man die Gemeinden ermunterte, spektakuläre, aber zugleich auch nur temporäre Arrangements anzulegen – auf Kosten lohnender Einrichtungen.

Die Geschichte des öffentlichen Parks begann in Europa damit, dass offenes Gelände vom Königshaus oder Adel großzügig der Öffentlichkeit zur Verfügung gestellt wurde. So wurden in London z.B. königliche Gärten wie der Hyde Park oder der Richmond Park für die Allgemeinheit geöffnet, wenngleich man den Spaziergängern im Falle des Regent's Parks weder Sitzgelegenheiten noch Unterstände zur Verfügung stellte – vielleicht, um Leute ohne Kutsche fernzuhalten. J.C. Loudon trat im 19. Jh. erstmals für die Idee des öffentlichen Parks ein, der seiner Ansicht nach »die geistigen Qualitäten der untersten Gesellschaftsschichten heben« konnte. Unter sozialreformerischen Gesichtspunkten wurde zu jener Zeit in Großbritannien viel über öffentliche Parks diskutiert, aber Loudon konnte seine Vorstellungen erst einige Zeit später in die Praxis umsetzen. Der erste bedeutende öffentliche

unten *Eine Wand aus Sträuchern und Bäumen markiert die Grenzen dieses Spielplatzes, den die Takano Landscape Planning Co. Ltd. für den Showa-Gedenkpark entwarf. Die Linien bilden ein kompliziertes Labyrinth auf dem Boden, ohne jedoch das Spiel der Kinder in eine bestimmte Richtung zu lenken; sie können frei bestimmen. Verschiedene Artefakte – darunter ein niedriges, pyramidenförmiges Gebilde – sind über den Spielplatz verteilt, und die Kinder können sie frei nach Fantasie in ihr Spiel einbeziehen.*

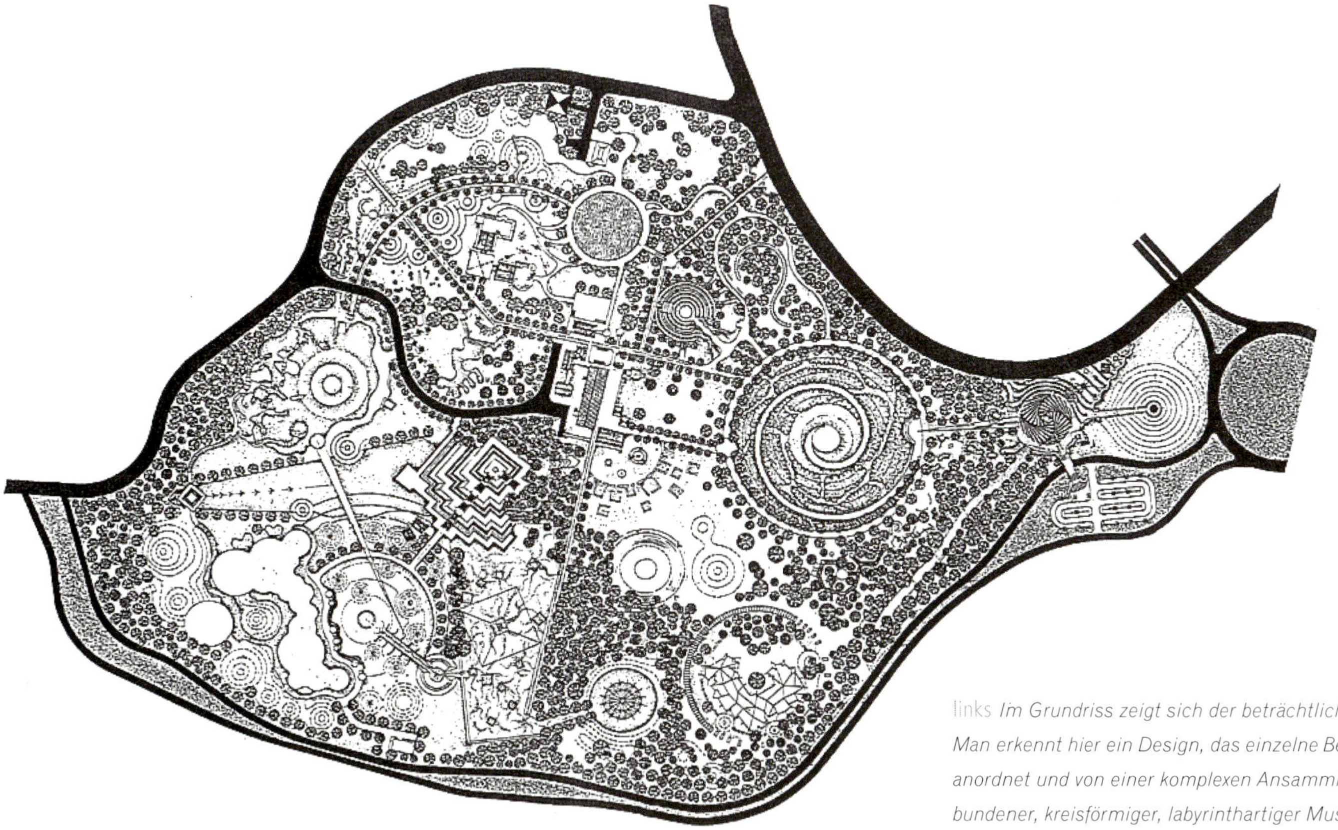

links *Im Grundriss zeigt sich der beträchtliche Umfang des Parks. Man erkennt hier ein Design, das einzelne Bereiche zwanglos anordnet und von einer komplexen Ansammlung miteinander verbundener, kreisförmiger, labyrinthartiger Muster bestimmt wird.*

DER SHOWA-GEDENKPARK

links *Der Betonunterstand, in dem die Kinder Verstecken spielen können, ist innen mit perlmuttartigen Kacheln verkleidet. Sie schimmern nicht nur in zahllosen Farben, sondern sind auch angenehm weich zu berühren und lassen die Vertiefungen der Wände faszinierend tief wirken.*

links *Aus einem einfachen Betonunterstand wird ein Platz zum Spielen, der die Fantasie anregen soll. Er erinnert an eine Höhle oder vielleicht auch – aufgrund seiner mit Kieselsteinen überzogenen Füße und rundlichen Konturen – eine Art prähistorisches Tier.*

Park wurde 1843 von Joseph Paxton in Birkenhead (Liverpool) angelegt und diente mit seinen Seen, Pfaden und Steingärten den späteren Parks als Vorbild. Indem man die Spaziergänger vom Straßenverkehr trennte, bot man ihnen die Gelegenheit, vorübergehend aus dem städtischen Umfeld auszubrechen. Es gab nur noch einen weiteren Entwicklungsschritt bei der Gestaltung öffentlicher Parkanlagen, nämlich die feste Einbindung in die Stadtplanung. Das bemerkenswerteste Beispiel dafür war die Neuplanung von Paris im 19. Jh. durch den Baron Haussmann, der die Schaffung eines Netzwerks öffentlicher Plätze bei der Stadtentwicklung für unabdingbar hielt.

Gegen Ende der 60er-Jahre des 19. Jhs. besaßen die meisten größeren Städte in England und Frankreich öffentliche Parks, was andere europäische Länder und Amerika veranlasste, es ihnen gleichzutun. Der erste öffentliche japanische Park in westlichem Stil war der 1903 eröffnete Hibiya-Park in Tokyo. Später nahm die Zahl zoologischer Gärten zu, und in jüngeren Jahrzehnten kam der Freizeitpark hinzu.

In Europa wurde der konventionelle Stadtpark seit den 50er-Jahren des 20. Jhs. vor allem wegen seiner Bepflanzung und Blumenarrangements geschätzt. Im Showa-Gedenkpark dagegen wurde der Gartenbau dem Hauptzweck des Parks – nämlich dem eines Freizeitbereichs für Kinder – untergeordnet. Diese Philosophie, die weniger Ehrfurcht vor dem Gartenbau zeigt als die der westlichen Gartengestalter, entspricht der japanischen Gartenidee. Dem Anbau von Sträuchern und Bäumen um ihrer selbst willen wird hier weniger Bedeutung beigemessen. Für die japanische Gartenkultur, in der Bäumen eine idealisierte, skulpturale Form verliehen werden kann, sind übergreifende ästhetische Erwägungen und symbolische Werte wichtiger als Pflanzen zur bloßen Zurschaustellung. Diese Einstellung hat es ermöglicht, dass landschaftsgärtnerische Elemente im Showa-Gedenkpark durch die Anpflanzungen (vor allem Bäume) weniger gestaltet als vielmehr abgegrenzt und eingefriedet werden. Der Garten wird hier als Landschaft für Spiele und intellektuelle Stimulation verstanden.

Der Gesamtplan des Parks zeigt eine zwanglose Anordnung meist kreisförmiger Bereiche, die durch gerade oder sich windende, von Bäumen gesäumte Wege miteinander verbunden sind. Am beeindruckendsten ist der bloße Umfang der Anlage. Der hier gezeigte, kreisförmige Spielplatz mit dem Labyrinthmuster ist zwar groß, nimmt aber nur einen Bruchteil der gesamten Parkfläche ein. Das immer wiederkehrende Thema der Anlage widmet sich dem Labyrinth-Gedanken. Schon in den Gärten des alten Ägypten gab es Labyrinthe, und in der europäischen Gartengestaltung des 16. und 17. Jhs. waren sie ein beliebtes Element.

oben *Die Gestaltung dieses eher ungewöhnlichen Spielplatzes kann man am besten beim Blick von einer Terrasse aus nachvollziehen. In der Mitte dieser Landschaft aus stumpfen Pyramiden befindet sich ein von Fujiko Nakaya entworfener, vertieft angelegter Nebelgarten (»Nebelwald«). Hier erzeugt eine Maschine Nebelschwaden, die eine riesige »Landschaftsplastik« einhüllen.*

Der Designer Fumiaki Takano hatte die Absicht, Kindern wie Erwachsenen unterschiedliche, anregende Freizeitbereiche zur Verfügung zu stellen. So enthält das ausgedehnte Gelände mehr als 20 unkonventionelle Umgebungen, die von dicht gepflanzten Bäumen umgeben und durch eine komplizierte Matrix aus Wegen miteinander verbunden sind. Jeder Bereich soll Kindern und Eltern verschiedene – geistige oder körperliche – Aktivitäten ermöglichen. Viele der Plätze sind einfach flache, kreisförmige Arenen, deren Boden von einem Labyrinth oder ähnlich komplizierten geometrischen Mustern ausgefüllt wird. Auf einigen wurden zwanglos Objekte wie Figuren eines Brettspiels verteilt.

Andere Spielplätze sind eher dreidimensional. In einem Fall bieten organisch geformte Figuren aus Beton, deren Innenflächen mit bunten, metallisch glänzenden Schmucksteinen ausgekleidet sind, die ideale Umgebung für Versteckspiele. Bullaugen und Tunnel machen diese höhlenartigen Räume noch interessanter. Diese Arbeit erinnert an die architektonischen Formen, mit denen schon Gaudí im Parque Güell in Barcelona spektakuläre Wirkungen erzielt hat.

Einige der landschaftlich gestalteten Bereiche gleichen eher Landschaftsplastiken als gewöhnlichen Spielplätzen. In einem von ihnen, der aus einem großen, quadratischen Brunnen und zahlreichen quadratischen Hügeln besteht, gibt es eine Maschine, die für den vom Künstler Fujiko Nakaya angelegten »Nebelgarten« Nebelschwaden erzeugt. Hier können die Kinder umhertollen oder auf den Hügeln vor dem Getümmel Zuflucht suchen.

Andere Bereiche laden zu anstrengenderen Spielen ein. Besonders anspruchsvoll ist eins, bei dem bunte Netze auf ausgefallene

Weise zwischen farbigen Stahlpfosten aufgespannt sind und so ein riesiges Trampolin bilden. Im Gegensatz zu den übrigen Spielplätzen wirkt dieser modern und im Detail von High-Tech-Bauwerken inspiriert (insbesondere von fortschrittlichen Überdachungstechniken). Er erinnert an den von Otto Frei und Rolf Gutbrod für die Expo 67 in Montral entworfenen »Deutschen Pavillon«, bei dem ein tragendes, an vertikalen Masten befestigtes Netz mit einer riesigen, wasserfesten Membran bedeckt wurde.

Das Spielerische dieses Parks beschränkt sich nicht wie bei vielen anderen Spielplätzen einfach auf Geräte, die über das Gelände verteilt sind. Stattdessen wurde der gesamte Park auf den Spiel- und Freizeitgedanken abgestimmt und entsprechend gestaltet. Architektonische Formen entstehen teils organisch, teils eher konstruktionsbedingt. Mehrere der labyrinthartigen Muster mögen auf eine alte Tradition hindeuten, sind in punkto graphischer Gestaltung jedoch eher zeitgenössisch. Die Landschaft dieses Gartens gehört unverkennbar in eine Welt mit computererzeugten Mustern, Science-Fiction und Hochtechnologie.

Der Showa-Gedenkpark weist eine breite Palette gestalterischer Elemente auf, von denen einige auf die Leidenschaft der Orientalen für komplizierte Brettspiele anspielen. Andere, wie der Abenteuerspielplatz aus Netzen und Stahl, haben ein zeitgenössisches Design und berücksichtigen dennoch, dass Kinder zwar technisch immer versierter werden, aber nach wie vor an der Entwicklung ihrer körperlichen Fähigkeiten Spaß haben. Dieser Park bietet ein Umfeld, das den Bedürfnissen der Kinder entspricht.

oben Leuchtend bunte Netze, die kreuz und quer zwischen ebenso auffälligen Stahlpfosten aufgespannt sind, bilden eine High-Tech-Umgebung für anstrengende körperliche Betätigung. Durch Primärfarben wird das Netzwerk dieses ausgedehnten Spielplatzes in einzelne Bereiche unterteilt.

REIHENHÄUSER

SCHAUDT ARCHITEKTEN

Wenn man über die Gestaltung eines Gartens spricht, geht es normalerweise um ein Grundstück, das zu einer einzelnen Wohnung gehört. In diesem Fall konzipierte ein Architekten-Team einen einfallsreichen High-Tech-Entwurf einer Reihenhauszeile, bei der innerer und äußerer Lebensraum verbunden wird.

Dieses innovative Projekt der Schaudt Architekten steht in Jungerhalde, einem recht wohlhabenden Vorort von Konstanz vorwiegend mit größeren Villen. Um hier für eine breitere soziale Mischung zu sorgen, veranstalteten die Stadtbehörden einen Wettbewerb zur Entwicklung zeitgemäßer, preisgünstiger Reihenhäuser. Die meisten Leute stellen sich unter Reihenhäusern Arbeiterwohnungen vor, wie sie im Zuge der industriellen Revolution entstanden. Um die rapide steigende Zahl von Arbeitskräften unterzubringen, baute man zeilenweise zweistöckige Reihenhäuser in Fabriknähe. Aus Platzgründen besaßen sie keinen Garten, sondern nur einen kleinen Hinterhof, weshalb es in der gesamten Umgebung nichts Grünes gab. Selbst die Reihenhäuser, die man im späteren 20. Jh. in den Neubausiedlungen errichtete, besaßen zwar an der Vorderfront gärtnerisch gestaltete Bereiche, an der Rückseite jedoch nur einen grünen Hinterhof.

Dabei wohnten schon seit dem späten 18. Jh., als der Wohnungsbedarf in den schnell wachsenden Städten stieg, auch Angehörige des Mittelstandes in Reihenhäusern. Da man den Raum aus wirtschaftlichen Gründen bestmöglich nutzen wollte, wurden in Großbritannien wie in anderen Teilen Europas solide, drei- bis viergeschossige Wohnhäuser errichtet. Häuser dieser Art wurden noch bis Beginn des Ersten Weltkriegs gebaut. Der von John Nash entworfene Royal Crescent im englischen Bath ist das frühe Beispiel eines eleganteren Reihenhaustyps für die neue Mittelschicht. Jede dieser gleichförmigen Immobilien lag einem großen öffentlichen Park oder einer Rasenfläche gegenüber und besaß auf der Rückseite einen Privatgarten, aus dem man zu jener Zeit jedoch nur selten einen Ziergarten machte. Überhaupt kam der Garten in vielen Fällen erst später hinzu.

Die Reihenhäuser von Jungerhalde sind eine moderne Variante des älteren, dreigeschossigen Reihenhauses, unterscheiden sich von diesem jedoch darin, dass über ihr Äußeres genau soviel nachgedacht wurde wie über ihr Inneres und die Rückseite eines jeden Hauses genauso wichtig ist wie seine Vorderseite. Der Innenraum wurde dank der Flexibilität, die die eingesetzten Verfahren und Materialien mit sich bringen, nach außen erweitert. Diese Entwicklung ist insofern High Tech, als sie industrielle Produkte verwendet. Abgesehen von den Trennwänden und Betonkellern gibt es in den Häuser verzinkte, verschraubte und durch diagonale Zugbalken gestützte Stahlträger. Die Böden bestehen aus geölten und gewachsten Lärchenbrettern, die an den Trägern befestigt sind. Die verschraubte Stahlbauweise bedarf keiner schweren Backsteinmauern, was zu einem offenen Architekturstil geführt hat. Gläserne Blendwände tragen zum Raumgefühl bei. An der Rückseite kann das Gebäude aufgrund seiner Stahlbauweise in den Gartenbereich hineinragen und ihn so mitgestalten.

Die Raumaufteilung der Häuser entspricht einem konventionellen, dreigeschossigen europäischen Reihenhaus. Das Wohnzimmer befindet sich im ersten Stock, das Elternschlafzimmer im obersten Stock und Esszimmer, Küche und Kinderzimmer im Erdgeschoss. Der Entwurf sieht jedoch auch eine Reihe persönlicher Außenbereiche vor. Der zweite Stock besitzt jeweils eine eigene, kleine Privatterrasse in einer Nische zum Nebenhaus.

rechts *Die High-Tech-Gestaltung der Häuser manifestiert sich in Wänden aus Glas und Stahl, überstehenden Dächern aus verzinktem Wellblech, die Terrassen und Wohnbereiche im Freien Schatten spenden, und in Treppen und Geländern im Industriedesign.*

Verschiedene Balkontypen und Terrassen stellen direkt auf der Gartenebene weitere Außenbereiche zur Verfügung.

An der Nordseite der Häuser liegt der gepflasterte Haupteingangsbereich mit Vorhof und Einstellplatz. Dorthin führt ein Laufsteg aus Stahlgitter durch Bambusgruppen und über Steine und Kiesel. Zwischen dem geradlinigen Laufsteg und den rundlichen Steinen entsteht ein interessanter Form- und Strukturkontrast. Den Weg erhöht durch den Vorgarten anzulegen ist eine einfache, aber sehr wirksame Idee.

An der Südseite des Gebäudes erweitert ein mit Holz ausgelegter Balkon im ersten Stock das Wohnzimmer nach außen. Um diesem Sitz- und Essbereich Schatten zu spenden, wurde über dem Oberdeck ein Stahlgitter an zwei Stahlröhren befestigt, die an Stahlseilen hängen. Das vorstehende Wellblechdach darüber sorgt für zusätzlichen Schatten. Auf der Gartenebene befindet sich ein weiteres »Deck« für den Wohnbereich im Erdgeschoss. Es grenzt an eine Rasenfläche, die in eine wilde, sich zu einem See hin senkende Wiese mit einheimischen Pflanzen übergeht.

Hier wurde ein Architekturstil kreiert, der den inneren mit dem äußeren Wohnraum verbindet und die Gartenfläche einbezieht anstatt ihr den Rücken zu kehren. Die Verwendung maschinell gefertigter Teile weist auf die Überzeugung des Designers hin, dass modernistische High-Tech-Architektur durchaus den Anforderungen von Haus und Garten entsprechen kann.

links *Der Wohnraum im ersten Stock wird oberhalb des Gartens durch einen mit Holz ausgelegten Balkon erweitert. Ein Gitter aus Industriestahl, das von weiter oben aufgehängten Stahlröhren getragen wird, spendet Schatten. Der Balkon eignet sich ideal zum Essen im Freien oder einfach zum Entspannen. Darunter verbindet ein weiteres »Deck« Erdgeschoss und Garten.*

rechts *Der Haupteingang eines der Häuser von oben gesehen: Ein stählerner Laufsteg führt von der Tür durch einen Bereich mit Kieseln und Steinen zu Einstellplatz und Vorhof. Unter Verwendung lediglich dreier Elemente – Steine, Stahlgitter und Bambuspflanzen – haben die Architekten einen einfachen Vorgarten gestaltet, der wenig Pflege erfordert.*

GARTEN DER REFLEXION

MICHAEL BALSTON

Dieser Garten ist im wahrsten Sinne des Wortes voller »Reflexionen« und als Spiegel der Vergangenheit auch im übertragenen Sinne. Mit seinem Versuch, traditionelle Bepflanzung und High-Tech-Architektur zu verbinden, verbeugt sich Michael Balston vor der Geschichte des Gartenbaus und läutet zugleich seine Zukunft ein.

Vordergründig macht dieser Garten einen konventionellen Eindruck: eine üppige Kombination von perennierenden Pflanzen, Sträuchern, Laubwerk und Blüten mit einem gestuften Rasen davor. Die deutlich herausgearbeitete Geometrie ist das einzige offensichtliche Zugeständnis an den Modernismus. Blickt man jedoch in den hinteren Teil bzw. zum nördlichen Rand, könnte der Kontrast nicht stärker sein. Hier wird Altes von Neuem herausgefordert: Scharf konturierte moderne Technik steht üppiger, weicher Bepflanzung gegenüber.

Eine hufeisenförmige Wand aus rostfreiem Stahl umgibt die elliptische Terrasse im hinteren Teil des Gartens. Dieser Sitzbereich wird von einer blattförmigen, auf einen Trichter aus gebogenen Stahlstreben gespannten Überdachung geschützt. Im Gegensatz zu diesem zeltartigen Gerüst besteht der Boden darunter aus beruhigend massiven Steinplatten. Ein langer Wasserkanal wird kühn von einer High-Tech-Konstruktion aus Stahlrohren und -drähten überspannt, die segelartige Formen aus synthetischem Segeltuch trägt. Dieser wetterfeste Stoff wird oft von Architekten verwendet und eignet sich ideal für den Garten, da er sowohl Schatten spendet, als auch Schutz bietet. Wie riesige Palmen aus Stahl werfen die künstlichen Bäume theatralische, ständig wechselnde Schatten in den Garten. Der Stoff ist etwas lichtdurchlässig, so dass das Laub der ringsum stehenden Bäume weitere Muster aus Licht und Schatten auf seiner Oberfläche erzeugt. Diese Schattenmuster ändern sich zudem durch die wechselnde Position der Sonne und die Bewegung der Bäume im Wind.

Auch der Rasen – wichtigstes Element eines konventionellen Gartens – spielt eine Rolle in diesem unorthodoxen Design, das ihm eine beinahe dekorative Funktion zuweist. So schmal und

unten *Zwischen Stahlmasten und zugfesten Drähten gespannte Segel erzeugen Licht- und Schattenbereiche auf Terrasse, Fußweg und Bepflanzung. Die Bäume daneben bilden weitere Muster auf den Überdachungen. Mit dieser High-Tech-Pergola kontrastiert eine traditionelle englische Rabatte mit einer Mischung aus Wildblumen, mehrjährigen Pflanzen und Sträuchern.*

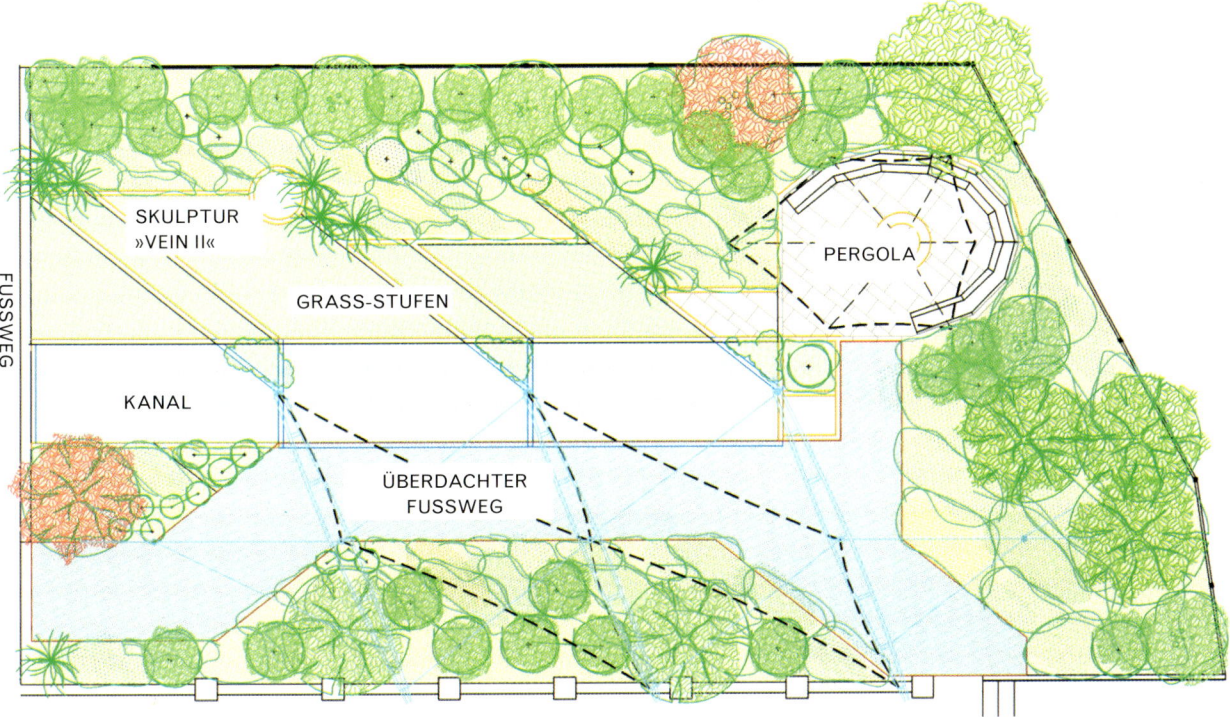

FUSSWEG

SKULPTUR »VEIN II«

GRASS-STUFEN

KANAL

ÜBERDACHTER FUSSWEG

PERGOLA

links *Dieser Plan lässt ein auf prägnanten Diagonalen basierendes Design erkennen. Es ist zwar geometrisch, aber nicht regelmäßig oder symmetrisch. Der Kanal, der den Garten über den größten Teil seiner Länge zweiteilt, dient dazu, den traditionellen Rasen und die gemischte Rabatte von dem modernen, überdachten Plankenweg zu trennen.*

GARTEN DER REFLEXION

links *Anstelle konventioneller Kübel aus Terrakotta oder Stein werden Pflanzgefäße aus Stahl verwendet. Ihre ebenmäßige Rohrform und der spitz zulaufende Rand bilden einen gelungenen Kontrast zum üppigen, weichen Blattwerk der Hosta.*

rechts *Stahlrohre gehen von einem Mittelpunkt aus bogenförmig nach oben auseinander, und tragen eine Überdachung aus synthetischem Segeltuch. Diese High-Tech-Konstruktion erreicht eine faszinierende Höhe und schützt die von einer Mauer aus rostfreiem Stahl umgebene Terrasse. Das Steinpflaster zitiert die Vergangenheit und bildet mit seiner Struktur einen Kontrast.*

stufig er ist, ermöglicht er zwar wohl den Zugang zur Pflege der Rabatten, ist als Weg durch den Garten jedoch dem überdachten Plankenweg untergeordnet. Sollte er als Weg dienen, wäre Kies die praktischere Lösung gewesen, doch damit hätte man nicht die gewünschte optische Wirkung erzielt. Gerade der beruhigend passive Rasen sorgt für einen Übergang vom weichen Rand der Anpflanzung zur harten Kante des Kanals und der dahinter auftauchenden Konstruktion.

Eine Skulptur knüpft an das Leitmotiv vom Kontrast zwischen Alt und Neu an. »Vein II« steht zwischen Rasen und Rabatte – eine hohes, obeliskenhaftes Werk, das mehrere verwitterte Steinstücke verbindet. Seinen Sockel bilden wiederverwertete Baufragmente, seine Spitze ein eher dekoratives, zurechtgemeißeltes Fragment. Diese historischen Elemente werden durch eine unverhohlen moderne Säule aus glänzendem Glas verbunden.

Dieser kontrastreiche Garten zeigt, dass die Einführung neuer Materialien nicht unbedingt auch eine neue Pflanzenauswahl erfordert. Die lange, mit Rhododendron, Fingerhut, Rittersporn und Geranien bepflanzte Rabatte hält sich inhaltlich stark an die englische Tradition, wogegen die bogenförmige, stängelartige Stahlkonstruktion, die sich darüber erhebt, einen internationalen Architekturstil vertritt. Trotzdem ergänzen beide einander perfekt.

Balstons architektonische Elemente sind eine radikale Alternative zu den traditionellen Gartenbauten. Dazu zählten lediglich Spaliere, Lauben und Laubengänge, die meist aus Holz – manchmal in Verbindung mit Ziegeln oder Steinen – gefertigt wurden, denn man meinte, diese Materialien seien für eine natürliche Gartenumgebung am geeignetsten. Gusseisen und Stahl hatten früher nur beim Bau von Gewächshäusern und Wintergärten Anklang gefunden, da hier Vorteile wie Vorfabrikation oder Widerstandsfähigkeit den Ausschlag gaben. Wenn man Eisen und Stahl im Garten einsetzte, dann eher zu Dekorations- als zu Konstruktionszwecken. Für die von Jean Tijou gegen Ende des 17. Jhs. entworfenen Wände des Privy Garden in Hampton Court in London wurden z. B. aus dem Eisen heraldische Motive und spiralförmige Blumenmuster geformt. Sogar John Brookes, ein Gartengestalter des 20. Jhs., und der holländische Gartenarchitekt Preben Jacobsen verwendeten bis weit in die 70er-Jahre hinein Holz, um Konstruktionen in ihren im Grunde modernistischen Gärten zu errichten.

Es war lange üblich, Gartenarchitektur und -bauten zu begrünen. Stahl und Draht in diesem Garten dagegen sind auffallend frei von allen organischen Stoffen. Indem sie Schatten spenden, übernehmen sie zwar die Funktion von Bäumen, sollen diese aber

links *Wiederverwendete Mauerwerkfragmente, die durch eine moderne Säule aus glitzerndem Glas getrennt werden, entwickeln das Thema eines Gartens, in dem Vergangenheit und Gegenwart einander gegenüberstehen. Diese Skulptur dient zugleich als Blickfang, der die Rasen- und Rabattenfläche unterbricht. Die Anpflanzung von Yuccas unmittelbar dahinter ist gleichermaßen architektonisch bedingt wie exotisch, da sie die zeitgenössische Skulptur von der an Jekyll gemahnenden Rabatte in englischem Stil absetzen.*

links *Eine antike Kopfplastik, die behaglich auf einem Bett aus Hostas ruht, speit einen dünnen Wasserstrahl aus. Während die Fontäne altitalienische Gärten heraufbeschwört, sind die Stahlrohre und Geländer aus rostfreiem Stahl ringsum absolute Vertreter der Gegenwart – ein romantisches Detail, das in diesem modernistischen Kontext gut zur Geltung kommt.*

nicht ersetzen. Einer der Vorteile beim Einsatz moderner Materialien im Garten ist, dass sie nicht nur für Stabilität sorgen, sondern zugleich leicht und schmal sind. Obwohl Balstons Konstruktion ausladend ist und einen großen Teil des Gartens überdacht, ist sie längst nicht so dominant, wie es bei einer Konstruktion gleicher Größe aus Holz zu erwarten wäre. Trotz ihrer Größe verdrängt sie die zarten, ihr gegenüber wachsenden Pflanzen nicht. Zudem sind Stahlrohre leicht formbar – hier zu eleganten baumähnlichen Bögen. Die spiegelartige Oberfläche des Materials scheint sich gleichsam in Reflexionen aus Licht und Farbe aufzulösen.

Bei traditionellen Gartenbauwerken aus Holz, Stein oder Ziegeln geht man davon aus, dass sie nach vielen Jahren, wenn sie verwittert, verfärbt und sogar etwas verfallen sind, noch schöner aussehen. Die Konstruktionen dieses Gartens sehen von Anfang an ideal aus, bedürfen jedoch der Pflege, um ihr beabsichtigtes Aussehen zu behalten; die Segeltuch-Überdachungen werden durch Blätter, Regen, Staub und städtische Luftverschmutzung verunreinigt. Während die traditionellen Materialien für eine rustikale, schlichte Ästhetik stehen, spiegeln die in diesem Garten verwendeten modernen Stoffe die Welt der heutigen Technik.

Die Rabatte mag zwar an die Vergangenheit anknüpfen, aber High-Tech-Überdachung und -Segel verankern den Garten fest im 21. Jh. So wie High-Tech-Architektur die Verwendung scheinbar langlebigerer Materialen wie Stein oder Ziegel zugunsten vergänglicherer wie Glas und Plastik ablehnte, wehrt sich dieser Garten gegen die Vorstellung, ein Garten sei ein Ort, der zusammen mit seinen Besitzern in Würde altert. Der Erfolg dieses Gartens bei der Chelsea Flower Show im Jahr 1999, wo er den ersten Preis erhielt, zeigt, dass er auch die Juroren beeindruckte, die zwar für ihre Fachkenntnisse im Gartenbau bekannt sind, bei der Beurteilung eines Designs aber in der Regel eine konservativ-traditionalistische Haltung vertreten. Ihre positive Reaktion auf diesen innovativen Garten zeugt von der wachsenden Erkenntnis, dass High Tech und Gartenbau sich nicht zwangsläufig ausschließen.

DER PLASTIK-GARTEN

DEAN CARDASIS

Hier wurden Platten aus farbigem Plexiglas – einem bei der High-Tech-Architektur häufiger anzutreffenden Material – verwendet, um ein außergewöhnliches, aber genau passendes Zentralelement für den Garten eines ungewöhnlichen Vororthauses in der Nähe von Northampton, Massachusetts, zu konstruieren.

unten Von Holzrahmen gestützte Plexiglaswände in leuchtenden Farben führen von der Terrassentür des Hauses in den Garten. Dean Cardasis verwendete dieses dauerhafte Material zur Konstruktion eines fantasievollen Bindeglieds zwischen Haus und Garten.

Das Haus mit den vinylverkleideten Außenwänden steht auf einem Grundstück in einer Reihe von Wohnhäusern, die von der Straße zurückgesetzt sind. Um Gärten anzulegen, wurde dahinter ein Waldstreifen gerodet. So entstand ein offener Korridor ohne natürliche Barrieren zwischen den Häusern, die für Privatsphäre sorgen könnten. Die Hausbesitzer gewannen die Hilfe des Gartengestalters Dean Cardasis. Sein Ziel war, ein Gefühl der Zurückgezogenheit zu erzeugen, einen Freizeitbereich anzulegen und das Haus mit dem Wald zu verbinden. Seine Lösung für letztgenannte Aufgabe war, Bäume so nah wie möglich an das Haus zu pflanzen und damit den Wald rings um das Haus wiederherzustellen.

Die Positionierung der neuen Bäume verband man mit einer Neugestaltung des bestehenden Waldlands, wobei drei unregelmäßige, absteigende Terrassen entstanden. Die größte wurde für die Kinder als Rasen zum Spielen belassen; eine andere wurde gekiest und mit Steinen eingefasst, und die kleinste, die dem Haus am nächsten liegt und die beiden anderen trennt, wurde mit Holzplanken ausgelegt. Alle Terassen sind mit einheimischen Gewächsen bepflanzt. Das Ergebnis war ein reizvoller und äußerst pflegeleichter Garten.

Obwohl dieser Garten nun in die Landschaft integriert war, musste er noch mit dem Haus verbunden werden. Sein Arrangement ist zwanglos, und seine Formen zeigen im Entwurf kaum Beziehung zum rechteckigen Umriss des Hauses. Laut Cardasis war das Haus »ohne Rücksicht auf die Lage geplant und stand wie ein liegen gelassenes Plastikspielzeug auf dem bearbeiteten Waldland«. Also musste das Missverhältnis zwischen Haus und Umgebung beseitigt werden. Cardasis benutzte dabei seine Fantasie und verband Garten und Haus – sowohl buchstäblich als auch in punkto Material, indem er auf der mit Holz ausgelegten Terrasse ein Material einführte, das dem für die Hauswände benutzten ähnelte: Er verwendete Plexiglas und kreierte den Plastik-Garten.

Betritt man den Garten durch die Terrassentür, stößt man auf eine Reihe teils einfacher, teils sich überlappender farbiger Plexi-

rechts Der Blick durch einen Ausschnitt der sich überlappenden, farbigen, durchscheinenden Platten bietet eine raffinierte Mischung aus Schatten und Silhouetten. Das Zusammenspiel der Bäume ringsum und der Plexiglaswände erzeugt Farb- und Lichtmuster, deren Wirkungsspektrum von beruhigend bis anregend reicht.

glaswände, die den kleinen, ausgelegten Essbereich im Freien umgeben. Die rechteckigen, an Holzrahmen befestigten Plastikplatten sind etwa 2 Meter hoch; andere wurden horizontal als Teilüberdachung eingesetzt. Eine weitere Reihe farbiger Plexiglaswände erstreckt sich längs der Grenze zur Kiesterrasse.

Cardasis ist ein Bewunderer des Landschaftsarchitekten James Rose, eines der einflussreichsten und doch wenig bekannten amerikanischen Gartengestalter des 20. Jhs., der auf der Suche nach einem neuen Stil u. a. von den Arbeiten der Konstruktivisten beeinflusst wurde. Seine Gartenentwürfe entstanden vorwiegend für Wohngrundstücke. Die bekannteren zeugen von ausgeprägtem Raumbewusstsein und einer Kenntnis des Lebensstils im 20. Jh., die den meisten Gartenentwürfen jüngerer Jahrzehnte fehlt. Rose war sehr an Licht-, Schatten-, Klang- und Raumeffekten interessiert und sagte, dass es für ihn hilfreich sei, sich einen Garten vorzustellen als »Skulptur, die groß und durchlöchert genug ist, um sie zu durchschreiten«. Eine Skulptur zum Durchschreiten ist genau das, was Cardasis geschaffen hat, aber mit Hilfe des Plexiglases hat er Roses Konzept noch einen Schritt vorangebracht.

Der Plastik-Garten ist eine Skulptur aus Farben und Licht. Seine verspielten, das Licht wandelnden Wände erstrecken sich vom Haus aus in den Garten und beeinflussen dessen gesamtes Erscheinungsbild. Blickt man durch die Wände, verändert sich das Aussehen der umgebenden Elemente; sie erscheinen mit veränderter Farbe oder als Silhouette. Die horizontal montierten farbigen Platten verwandeln einen bewölkten in einen klaren, blauen Himmel. Das durch die vertikalen Wände scheinende Licht taucht Pflanzen und Oberflächen in eine projizierte Farbe; so wird aus der Kiesterrasse ein rot-orange-gelbes Meer, und die Farbmuster ziehen mit der Sonne weiter. Aus bestimmten Winkeln betrachtet, fungiert das Plexiglas zudem wie ein Spiegel und fängt Bilder von Bäumen oder dem Himmel ein.

Der Aufbau des Plastik-Gartens ist einfach. Plexiglas ist das moderne Farbglas, aber robuster und leichter als Glas. Man kann einfacher und sicherer damit arbeiten. Die Rahmen wurden aus preiswertem, grob zurechtgeschnittenem Bauholz gefertigt und waren leicht zusammenzubauen.

Cardasis stellte den Waldgarten wieder her, baute ihn aus und verband ihn dann durch die innovative Verwendung eines künstlichen Materials, das mit der natürlichen Umgebung in Wechselwirkung tritt, mit dem Kunststoffhaus. Ein farbloser Raum wurde so in einen homogenen Garten mit Charakter verwandelt.

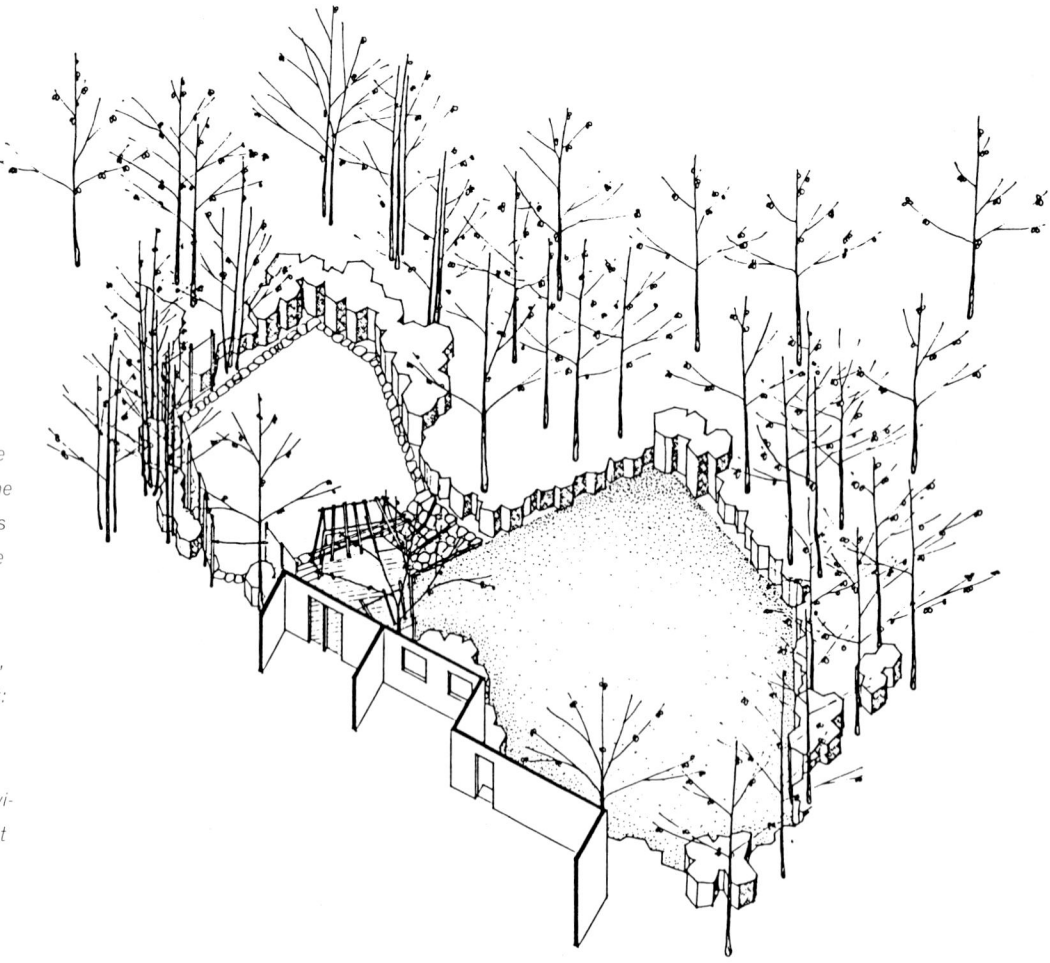

rechts *Die dreidimensionale Zeichnung zeigt die einfache Aufteilung des Gartens. Das bestehende Waldland wurde durch Neubepflanzung bis zum Haus erweitert. Darin wurden drei unregelmäßige, gestufte Terrassen angelegt: Eine wird von Rasen eingenommen, eine andere ist ein gekiester Bereich. Dazwischen, direkt am Haus, liegt die kleinste Terrasse, der Plastik-Garten.*

oben *Farbige, horizontal an Holzrahmen befestigte Plexiglasplatten überdachen einen Teil der mit Holz ausgelegten Terrasse des Plastik-Gartens. Blickt man durch sie nach oben, erscheinen Wolken und überhängende Äste der Bäume als abstrakte Muster in einer einzigen Farbe.*

rechts *Sonnenlicht, das durch die sich teilweise überlappenden roten, orangenen und gelben Plexiglasplatten scheint, bringt Farbe in das Grau des Kiesgartens und »bemalt« die Blätter der Sträucher.*

DER KINETISCHE GARTEN

DER KINETISCHE GARTEN

oben *Die Orgel-Fontäne an der Villa d'Este in der Nähe Roms verdankt ihren Namen der originellen Eigenschaft, Klänge wie Orgeltöne produzieren zu können. Der 1575 fertiggestellte Garten mit wassergetriebenen Automaten und Springbrunnen war einer der ersten kinetischen Gärten.*

Eine der wichtigsten Neuerungen in der westlichen Kunst des beginnenden 20. Jh. war es, die Natur nicht mehr nachbilden zu wollen. Im Zuge eines von den Kubisten eingeläuteten und von den Konstruktivisten verfeinerten Richtungswechsels machten sich Malerei und Bildhauerei die Abstraktion zu eigen. Bewegungen hatte man vorher lediglich in Farbe, Ton oder Stein dargestellt, doch nun wurden sie in der sogenannten kinetischen Plastik eine reale Form künstlerischen Ausdrucks. Naum Gabo schuf 1920 die vermutlich erste kinetische Skulptur: Als er einen Draht elektrisch so in Schwingung versetzte, dass dieser die Form eines Kegels anzunehmen schien, kombinierte er Bewegung und Sinnestäuschung in einer Art temporärer Plastik. Einige Jahre später entwickelte László Moholy-Nagy die kinetische Kunst mit seinem »Licht-Raum-Modulator« weiter – einer 2 Meter hohen, motorisierten Konstruktion aus verchromtem, perforiertem Stahl, Maschendraht und Glas. Setzte man sie in einem verdunkelten Raum in Bewegung und strahlte ihre vielgestaltigen, sich bewegenden Oberflächen an, warf das reflektierte Licht ständig wechselnde Schatten an die Wände. Der vermutlich bekannteste Vertreter der kinetischen Kunst ist Alexander Calder, dessen

links *Diese Werbung aus den 60er-Jahren für einen neuen, synthetischen Stoff verdeutlicht den Op-Art-Einfluss im Design. Dieser Malstil versucht, durch optische Täuschung Bewegung zu suggerieren. Er orientiert sich am Stil Bridget Rileys, die vorwiegend schwarze und weiße Streifen verwendete.*

unten *Das periodische Wellenmuster dieses 1960 von Barbara Brown entworfenen Stoffes entstand einige Jahre vor der Op Art, besitzt aber trotzdem die für diesen Stil typische, ausgeprägte Bewegtheit. Die vielen, nach ihrer Helligkeit angeordneten Farbbänder, aus denen das Wellenmuster besteht, verstärken die Sinnestäuschung.*

»Mobiles« nur die natürliche Luftbewegung nutzen, um ein Luftballet aus Formen und Farben zu kreieren. Der kinetischen Kunst entsprach in der Malerei die Op (bzw. Optical) Art, bei der der Künstler mit Hilfe verwirrender optischer Tricks Leben in die Oberfläche seiner Leinwand bringt.

Im Gegensatz zur Leinwand oder Skulptur ist ein Garten dank der Natur immer in Bewegung. Gartengestalter haben sich jahrhundertelang bemüht, um der Unterhaltung oder des Effekts willen noch mehr Bewegung zu erzeugen; die am häufigsten verwendeten kinetischen Ergänzungen waren Springbrunnen oder andere Wasserelemente. Fortschritte im Wasserbau führten in römischer Zeit zur Entwicklung außergewöhnlicher Springbrunnen.

Als die klassische Villa im späten 15. Jh. eine neue Blüte erlebte, war der Springbrunnen das ideale Medium für die Bildhauer jener Zeit. In Frankreich und Italien wurden die säulenförmigen Mittelschäfte mit mythologischen Figuren verziert, und das Wasser strömte aus einer Vielzahl von Öffnungen. Mitte des 17. Jhs. kam durch den italienischen Bildhauer Gianlorenzo Bernini ein theatralisches Element dazu. Er arbeitete auch als Bühnenbildner, wovon sein Springbrunnen auf der Piazza Navona in Rom zeugt. Dieser ist weniger symmetrisch und bei weitem nicht so regelmäßig wie die älteren freistehenden Springbrunnen und zeichnet sich durch einen riesigen Obelisken in der Mitte aus, der auf einem ausgehöhlten Felsen ruht und von vier gewaltigen Figuren umgeben ist, die die vier großen Flüsse der Welt symbolisieren (Donau, Nil, Ganges und Rio de la Plata) und je einen Wasserstrahl ausspeien.

Doch in punkto Wasser beschränkte sich der Erfindungsreichtum nicht auf Springbrunnen. Bereits im 13. Jh. entwickelten Gartengestalter so genannte »Automaten«, die alle möglichen kinetischen Tricks einschließlich der Klangerzeugung beherrschten. In der Geschichte des Gartens wimmelt es von mechanischen Geräten, die theatralische Effekte erzeugten. Die unter dem italienischen Manierismus von etwa 1520 bis 1600 angelegte Villa d'Este bei Tivoli besaß eine der beeindruckendsten Sammlungen von Wasserspielen aller Zeiten. Das Wasser eines nahen Flusses wurde für den Garten umgeleitet, der in einer Reihe von Terrassen von der Villa abfiel. Am Fuß der Terrassen gab es Fischteiche, zu beiden Seiten der Haupttreppe Wassertreppen, die »Promenade der hundert Fontänen« und eine Reihe einzeln stehender, mehrstufiger Springbrunnen, dessen spektakulärster die »Orgel-Fontäne« war, die wasserbetrieben »Musik« machte. Hier wurde mit Hilfe von Wasser in einem runden Gewölbe Druckluft erzeugt, die dann eine Orgel spielen ließ. Für Abwechslung sorgte ein durch Wasserkraft angetriebenes Zahnrad; seine Zähne betätigten eine

unten *Wind und Wasser setzen diese kinetischen Skulpturen in Bewegung. Die farbigen, von Alexander Calder entworfenen Formen verleihen dem konventionellen Wasserbecken Reiz und Bewegung, da sich ihre Position ständig ändert.*

Klaviatur, die verschiedene Klänge nachahmen konnte, z. B. eine Trompete oder Vogelzwitschern. Die Springbrunnen erzeugten auch Nebeleffekte, die im Sonnenlicht künstliche Regenbogen entstehen ließen. Die Automaten funktionieren nicht mehr, aber der kinetische Garten der Villa d'Este bleibt einer der großartigsten überhaupt. Bäume und immergrüne Sträucher sorgen dafür, dass seine Attraktionen nicht auf einen Blick zu sehen sind, so dass man immer wieder überrascht ist, wenn man sie entdeckt.

Abgesehen vom gewöhnlichen Springbrunnen oder Wasserelement hat die moderne Zeit wenig von der Fantasie früherer Jahrhunderte geerbt. Die meisten der von Bildhauern entworfenen spektakulären Wasserelemente sind auf öffentliche Parks oder Firmengebäude beschränkt. Während sich moderne Künstler und Bildhauer durchaus durch Verwendung von Lichtmaschinen, Mobiles und mechanischen Apparaten mit der Bewegung als Kunstform beschäftigt haben, wurden kinetische Effekte im Garten nur selten eingesetzt. In jüngeren Jahren haben Gartengestalter jedoch entdeckt, dass viele ihrer Kunden ihren Garten aufgrund des langen Arbeitstages kaum bei Tageslicht sehen, so dass der Bedarf nach einem Garten »für die Nacht« entstanden ist. Dies erreichte man vor allem durch fantasievolle Beleuchtung, die wiederum zur Einführung anderer Bühneneffekte geführt hat; heute ist es nicht ungewöhnlich, in einem Garten Nebelmaschinen und Sound-Systeme zu finden. Beleuchtung ist streng genommen kein kinetisches Element, wird hier aber dazugezählt, da sie die Erscheinung eines Gartens radikal zu ändern vermag. Und da Gartengestalter neue Beleuchtungselemente eingeführt haben, eignet sich das Wort »kinetisch« zur Beschreibung dieses Elements durchaus.

Ein Garten kann nicht nur in der Nacht von kinetischen Erfindungen profitieren, wie frühere Gartenschöpfer gezeigt haben. Die heutige Technik stellt Designern, die die sinnlichen Freuden am Garten steigern möchten, alle Arten von Effekten zur Verfügung. Manchmal wurde sogar der Wasserbedarf des Gartens genutzt und das Bewässerungssystem in eine kinetische Skulptur verwandelt.

oben *Ein ganz besonderes Wasserspiel ist diese Installation der amerikanischen Landschaftsarchitektin und Künstlerin Martha Schwartz. Sie verwendet Bewässerungsgeräte zur reizvollen Gestaltung eines großen Geländes: Diese stehen wie die Bäume eines neu angelegten Obstgartens in sauberen Reihen. Mit ihren hohen »Stämmen« und den Sprinklern darauf spiegeln sie die Form der nahen Palmen wieder.*

EINE IDEE

LILIANA MOLTA & JEAN-CHRISTOPHE DENISE

In diesem kinetischen Garten sorgt ein Wasserelement sowohl für Bewegung als auch für Klänge. An sich ist das nichts Ungewöhnliches, doch dieser 1999 bei einem internationalen Gartenfestival in Frankreich gezeigte Garten nutzt Springbrunnen für ein Bewässerungssystem. Im Gegensatz zu konventionellen Springbrunnen mit rein ästhetischer Funktion bewässern und erhalten sie die Pflanzen ringsum.

Ab und zu scheint ein Gartendesign das Konzept des Gartens selbst in Frage stellen. Genau das tat auch die Arbeit, die Liliana Molta und Jean-Christophe Denise 1999 in Chaumont-sur-Loire vorstellten. Seit 1992 beherbergt der Park des Château de Chaumont-sur-Loire das Festival International des Jardins, und jedes Jahr werden Designer und Künstler aus aller Welt eingeladen, hier Gärten zu kreieren. Den Schwerpunkt bilden Innovationen und Experimente, aber alle Entwürfe müssen auch realisierbar sein.

»Eine Idee« verwendet Säulen aus umgedrehten Plastikflaschen unterschiedlicher Farbe, die auf Eisenstangen gespießt sind, wie man sie als Betonträger verwendet. Diese farbigen Plastiksäulen stehen in einem Meer aus Pflanzen und sind so zahlreich, dass sie das gesamte Gelände beherrschen. Die vielen verschiedenen Knöterich-Arten (die einzige in diesem Projekt verwendete Pflanze), aus denen die Säulen aufragen, sind z. T. reine Zierpflanzen, teils aber auch essbar. Abgesehen von Wegen besteht der gesamte Garten aus den Knöterichpflanzen und ihren ins Auge springenden Bewässerungsvorrichtungen.

Im Entwurf wirkt die Aufteilung des Gartens beinahe konventionell: Ein regelmäßiges, symmetrisches Design mit Wegen, die das Gelände in fest umrissene Beete und Rabatten aufteilen und den Zugang ermöglichen. Die Substanz ist jedoch ausgesprochen modern, ein Gartenpendant zu den exzentrischen, automatisierten Skulpturen des schweizer Künstlers Jean Tinguely, dessen elektrisch betriebene Maschinen und mechanische Kunstwerke klappern und knallen, während sie irgendeine programmierte Aufgabe verrichten. Tinguelys Skulpturen mit ihren typischen, eingebauten Störungen und maschinenuntypischen Eigenwilligkeiten bestehen aus einer chaotischen Ansammlung von Zähnen, Rädern, Treibriemen und Elektromotoren, die zusammenarbeiten, um abstrakte Gemälde zu fertigen, Ball zu spielen und sich sogar selbst zu zerstören. »Einer Idee« am ähnlichsten ist sein »Springbrunnen«, bei dem ein Gummischlauch maschinell gebogen und unregelmäßig geschwenkt wird und ahnungslose Passanten nass spritzt.

Die Wiederverwendung gefundener Wegwerfartikel ist im Ansatz minimalistisch, wozu auch die Entscheidung beiträgt, nur eine einzige Pflanzengattung zu verwenden. Optisch gesehen ist die Bepflanzung jedoch keinesfalls minimalistisch, da sich die einzelnen Spezies stark voneinander unterscheiden; nur wenige andere Pflanzengattungen zeigen eine solche Vielfalt. Der bis zu 1,8 Meter hohe *Polygonum polystachyum* (Himalaya-Knöterich) etwa bildet im Herbst duftende Blüten, *Polygonum bistorta* (Wiesenknöterich)

rechts *So weit das Auge reicht, sind umgedrehte Plastik-Wasserflaschen wechselnder Farbe zu Säulen aufeinandergesetzt und bilden so ein Bewässerungssystem, das eher an eine Kunstgalerie als an einen Garten erinnert. In den Säulen steigt und fällt das Wasser mit gurgelnden Geräuschen, was ebenfalls zur Unterhaltung beiträgt.*

links *In dieser hübschen kolorierten Zeichnung erkennt man ein regelmäßig und konventionell wirkendes Design. Erst beim näheren Hinsehen erkennt man die große Zahl schmaler Säulen, die den Garten in ein Landschafts-Kunstwerk verwandeln.*

dagegen ist kleiner, wächst in Büscheln und zeigt im späten Frühjahr blassrosa Blüten. Außerdem sind seine Blätter essbar und können an den Salat gegeben werden. *Polygonum affine* (Schling-, Vogel- oder Teppichknöterich) ist ein kräftiger Bodendecker mit langer Blütezeit, der zudem mit seinen Blättern für herbstliche Farben sorgt.

Knöteriche bevorzugen im Allgemeinen einen feuchten Boden, weshalb man berechnen musste, wieviel Wasser die Pflanzen während des heißen, trockenen Sommers in Frankreich pro Woche benötigen würden. Hier half das technische Fachwissen des Architekten Jean-Christophe Denise. Molta und Denise berechneten, dass je Quadratmeter Bepflanzung 20 Liter Wasser zur Bewässerung erforderlich wären. Auf Plastikflaschen übertragen bedeutete dies zwei 1,5 Meter hohe Säulen. Die Berechnungen berücksichtigten auch, dass einige Arten mehr Wasser benötigen.

Das Wasser steigt sprudelnd in den ineinandergesteckten Flaschen von unten nach oben auf, bis jede Säule einem kleinen Speicher gleicht; wenn es oben ankommt, fließt es über, bewässert kurz die umliegenden Pflanzen und läuft gurgelnd aus der Säule ab, bis diese leer ist. Dann wiederholt sich der Vorgang. Im Gegensatz zu den anarchistischen Skulpturen von Tinguely, die oft nur existieren, um sich selbst zu zerstören, ist die Aufgabe dieses Gartens, sich selbst zu pflegen und zu erhalten.

»Eine Idee« ist ein Garten der »Conceptual Art«. Molta hat bei Kino-, Mode- und Architekturprojekten mitgearbeitet und brachte daher viel Erfahrung in der Lösung von Designproblemen mit. Sie war in der Lage, den Begriff Garten so zu interpretieren, wie sie es für richtig hielt, da sie nicht ausschließlich Gärten anlegt und deshalb auch weniger von der Geschichte dieser Disziplin eingeschränkt wird. Obwohl dieses Projekt auf viele Elemente verzichtet, die in einem konventionellen Garten meist vorkommen (wie Rasen oder gemischte Rabatten), ist es trotzdem als Garten erkennbar, und obwohl es hier nur Knöterricharten gibt, ist es noch immer ein Ort, an dem Pflanzen angebaut werden. »Eine Idee« ist sicherlich unorthodox, aber dennoch ein Garten, der sich dem Pflanzenanbau widmet – und in dem ein phantasievolles, skulpturales Bewässerungssystem eine faszinierende und leistungsfähige Alternative zu Schlauch und Sprinkler liefert.

rechts *Eine einzelne farblose Bewässerungssäule erhebt sich aus einer Fülle von Knöterichpflanzen. Essbare und reine Ziersorten dieser Gattung sind die einzigen Pflanzen in diesem Garten. Deutlich erkennbar ist die ungewöhnliche Bauweise der Säulen, bei denen umgedrehte Plastikflaschen auf Stangen, die sonst als Betonträger dienen, gespießt wurden.*

DER WEISSE PLATZ

SHUNMYO MASUNO

Auf diesem Platz kommt echte Bewegung in den modernen Zen-Garten. Im traditionellen Zen-Garten gibt es normalerweise keine Wasserelemente, aber hier handelt es sich auch nicht um die vertraute Stein- und Kieslandschaft, sondern um eine metaphorische – einen Garten, in dem der allmähliche Wandel nicht beiläufig, sondern von zentraler Bedeutung für die spirituelle Botschaft der Anlage ist.

Shunmyo Masuno entwarf diesen Platz für das Nationale Forschungsinstitut für Metalle, Wissenschaft und Technik in Tsukuba. Der von Institutsgebäuden umgebene Platz mit einem Restaurant in einer Ecke könnte auch einfach ein Ort sein, an dem sich die Wissenschaftler privat treffen, aber Masunos Anlage sollte darüber hinausgehen: Sie sollte eine auf die Arbeit des Instituts verweisende, erbauliche geistige Erfahrung vermitteln.

Masuno ist zwar gelernter Landschaftsarchitekt, aber zugleich auch Priester. Im Jahr 1979 trat er in den Daihonzan-Soji-ji-Tempel ein, wo er eine asketische Ausbildung absolvierte, bevor er am Kenko-Ji-Tempel stellvertretender Priester wurde. Dies mag bereits eine Erklärung für seine Herangehensweise liefern.

Passend zu einer Forschungseinrichtung für Metalle ist sein Entwurf von der Suche nach einem Edelmetall inspiriert: Er erinnert an den amerikanischen Goldrausch in den Bergen der USA und Kanadas. Jene trockene Umgebung hat er hier nachgeahmt. Auf der Suche nach Wasser trafen sich die Goldsucher an Wasserlöchern, arbeiteten aber sonst meist allein. Wie sie arbeiten auch die Forscher des Instituts eher allein, und dieser Platz ist für sie ein Treffpunkt, an dem die Einsamkeit überwunden werden kann.

Daraus entwickelte sich für den Platz die Vorstellung einer Ansammlung von Steinen, die über eine Kalklandschaft verstreut sind. Granit-Felsbrocken aus der Gegend um Hiroschima und Aji-Steine (für das Go-Spiel) aus Kagawa wurden dafür ausgewählt und nach Art der alten Zen-Gärtner wohlüberlegt platziert. Der Garten ist zwar eine moderne Variante des traditionellen Zen-Gartens, aber die großen, stufigen Felsen evozieren hier keine japanische Landschaft, sondern sind eine Metapher für Individuen. Alle Felsen werden vom Designer als »willensstark und scharfsinnig« beschrieben, und ihre Ausrichtung – alle weisen auf die Gebäude hin – symbolisiert den Elan und die Zielstrebigkeit der Forscher.

Das Grundmotiv des Gartens ist die Reinheit. Die vom Regen abgewaschenen und vom Wind attackierten Felsen werden sozusagen allmählich »gereinigt«. Dieser langsame Veränderungsprozess liefert eine Analogie zur Läuterung des Geistes durch das Meistern schwieriger Lebensumstände. In der buddhistischen Kultur ist die – in der Anlage vorherrschende – Farbe Weiß ein Symbol für Reinheit, und nach der Zen-Philosophie belebt die Kraft der Natur den erschöpften Geist neu und stellt seine Reinheit genauso wieder her, wie Steine von der Sonne gebleicht werden. Die Wissenschaftler benötigen einen ungetrübten, scharfen Verstand, um ihre Arbeit durchzuführen, und der Garten soll sie dabei mit Hilfe seiner symbolischen Formen unterstützen.

Das Gelände ist rechteckig; das Restaurant liegt in der Ostecke. Der Bereich um dieses halbkreisförmige Gebäude ist mit einem geometrischen Quadratmuster aus chinesischem Granit gepflastert, durchbrochen von symbolischen, natürlichen Felsbrocken aus koreanischem Granit. Gegenüber dem Restaurant kann man den Platz über eine breite Promenade verlassen, und schräg gegenüber, in der Westecke, befindet sich ein großes, unregelmäßiges Rasendreieck. Es wird von einem geraden, trittsteinartigen Pfad, der einen Stein-»Fluss« mit Hilfe zweier einfacher Steinplatten-Brücken überspannt, in zwei Hälften geteilt. Die losen Steine verkörpern ein Flussbett, dessen Quelle ein schwacher Springbrunnen ist. Das Wasser tritt aus einem Stein hervor, der den Eindruck einer natürlichen Quelle erweckt. Der Steinfluss schlängelt sich von der

unten *Blickt man den geraden Trittsteinweg entlang in Richtung Restaurant, tut sich eine Landschaft auf, die an das unwirtliche Gelände erinnert, auf das die amerikanischen Goldsucher Mitte des 19. Jhs. stießen. Ein sich windender Pfad aus Steinen erinnert an ein ausgetrocknetes Flussbett, das Mosaikpflaster im Vordergrund an ausgedörrten, aufgesprungenen Erdboden.*

nördlichen Ecke aus über den Platz, umgeben von einem Bereich aus Mosaikpflaster, der seinem Lauf lose folgt. Dessen willkürliches Muster erinnert an die ausgedörrte Oberfläche eines vertrockneten Teiches oder Flusses. Die Steine des trockenen Flusses »fließen« durch das gräserne Dreieck, wobei das Mosaikpflaster an einer Uferseite jedoch sofort einen Abstecher macht, um die Überreste eines früheren Flusslaufes anzudeuten. Der »Fluss« führt an dem Restaurant vorbei, um dann in ein dreieckiges Steinbett zu münden. Hier sorgt ein zweites Wasserelement für Abwechslung zu der von Masuno nachempfundenen, trockenrauen Naturlandschaft – in Form eines Nebelbrunnens, der einen ähnlichen Effekt erzielt wie eine Thermalquelle oder, vielleicht passender, ein Hitzeschleier in der Wüste, der durch Luftspiegelungen zu Trugbildern von Wasser führen kann.

Ein trockener Fluss, der allerdings an wirklichen Wasserelementen beginnt und endet, suggeriert Bewegung und Fließen. Im Gegensatz zum traditionellen Zen-Garten, einem Ort der Ruhe und Reglosigkeit, ist diese Landschaft lebendig und enthält auch kinetische Elemente. Springbrunnen gibt es zwar in japanischen Privatgärten, aber sie sind nicht Teil des konventionellen Zen-Gartens. Der Entwurf dieses Platzes knüpft an das japanische Interesse an der Landschaft als Inspirationsquelle für den Garten an. In diesem Fall handelt es sich ungewöhnlicherweise um eine weit entfernte Landschaft.

In seinen Zen-Bezügen verkörpert dieser Garten die spirituellen Aspekte traditioneller japanischer Kultur. Seine Interpretation natürlicher Landschaft und seine ausgeklügelten Wasserelemente sind dabei zugleich zeitgemäß und international.

oben *Ein Nebelbrunnen inmitten eines präzisen Dreiecks aus Steinen verleiht dieser modernen Interpretation des traditionellen japanischen Zen-Gartens kinetischen Reiz. In Bezug auf das Thema dieses Gartens entspricht er zudem einem Ort, an dem sich die Goldsucher erfrischten. Dementsprechend finden die am Institut arbeitenden Forscher hier spirituelle Erfrischung.*

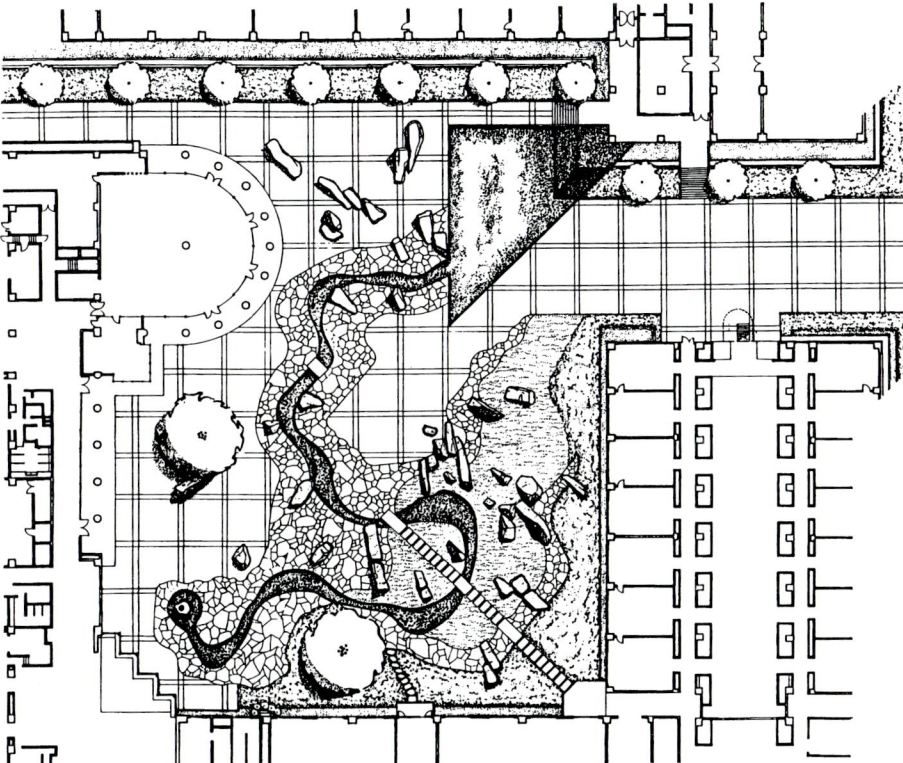

rechts *Die Planzeichnung zeigt den Lauf des trockenen Stein-»Flusses« deutlich: Von seiner Quelle in der nördlichen Ecke des Platzes schlängelt er sich durch einen Rasenbereich und am Restaurant vorbei bis hin zu dem steinigen Dreieck, in dem sich der Nebelbrunnen befindet. Felsgruppen wurden sorgfältig in Abständen auf dem Platz angeordnet; einige ragen aus der regelmäßigeren Granitpflasterung hervor.*

unten *Die großen Felsen hat der Gestalter des Platzes mit viel Sorgfalt ausgewählt und aufgestellt. Sie sind alle auf die Forschungsgebäude, die den Platz umgeben, ausgerichtet und symbolisieren in ihrer Gesamtheit den Elan und die Zielstrebigkeit der Forscher, die hier arbeiten.*

EIN LICHTTHEATER

JENNY JONES

Aus Glas, glatten Wasserspiegeln, reflektierenden Oberflächen und durch die geschickte Einbindung von Naturphänomenen wie Tau und Kondensation hat die Bühnenbildnerin Jenny Jones für sich und ihren Gatten einen Garten geschaffen, der eine ständig wechselnde Abfolge von optischen Effekten bietet.

Dieser Garten bei Garstons, einem abgelegenen Bauernhaus aus dem 18. Jh., befindet sich auf einem windigen Steilhang der Isle of Wight vor der Südküste Englands. Anstatt ihn in die monotone Ackerbaulandschaft ringsum einzubinden, entschied sich Jenny Jones, ihn von der Umgebung abzutrennen. Dafür gab es zudem einen praktischen Grund: Die Bepflanzung musste vor den vorherrschenden Südwest-Winden und der örtlichen Kaninchenpopulation geschützt werden. Das Ergebnis ist ein Zufluchtsort inmitten offener Landschaft.

Der Garten ist nicht von normalen Mauern umgeben, sondern von einer Kombination aus Glas- und Holzwänden. Innen sieht der Entwurf eine Reihe miteinander verwandter und verbundener Räume vor, die im Grunde unabhängige Einzelgärten sind. Für etwas Ordnung sorgt ein schmaler Bohlenweg, der den Garten längs zweiteilt. Er überspannt den Terrassengarten direkt unten am Haus und trennt weiter oben den Kiesgarten vom Teichgarten, in dessen Mitte sich das Teichhaus befindet. Dieses ist nur vom unteren Garten aus über einen hölzernen Laufsteg erreichbar – zwischen zwei spiegelartigen, den Teich zurückhaltenden Wänden hindurch, die mit schwarzem, rostfreiem Stahl verkleidet sind. Dieses Gebäude bietet Schutz und eignet sich für den Gästeempfang, doch da es teilweise in den Teich versenkt ist, wird eine Intimität mit dem Garten erreicht, die ein konventionelles Sommerhaus nicht bieten könnte. Die Stille im Inneren wird nur durch das Plätschern des Wassers und das Rauschen der Gräser gestört.

Wenn man an einem ruhigen Tag vom Teichhaus aus über das Wasser blickt, kann man die Spiegelung einer *Chamaerops humilis* im Teich sehen. Diese Winterpalme wächst in einem Kiesbett und

links *Vom Teichhaus aus gesehen spiegelt sich die Winterpalme vollständig im reglosen Wasser. Dahinter läuft das Kondenswasser von einer klaren Glasscheibe, die dazu beiträgt, die Pflanze vor kaltem Wind zu schützen. Eine Szene, so ruhig wie ein Gemälde – kaum eine Bewegung ist wahrzunehmen.*

oben *Das Teichhaus mit seinem stumpfen Pyramidendach ist das einzige architektonische Element des Gartens. Mit dem tiefen Graben ringsum und den Fenstern in Höhe des Wassers bietet es einen vertrauten Blick auf Teich und Garten. Drinnen genießt man den Schutz vor den Naturkräften und ist der freien Natur doch so nah wie möglich.*

rechts *Die isometrische Farbzeichnung von Jenny Jones erklärt die Beziehung zwischen den verschiedenen Gärten und Elementen des gesamten Projekts. Am unteren Ende erkennt man den Terrassengarten, die »Wasserharfe« und den Weg, der zum Eingang des Teichhauses führt. Am oberen Ende befinden sich der hintere Teichbereich und der Kiesgarten mit seinem großen Glasprisma.*

oben *Die versilberten Bleilote der Wasserharfe hängen an Drähten aus rostfreiem Stahl knapp über der Oberfläche eines Lilienteichs. Das durch ein Rohr nach oben gepumpte Wasser tröpfelt an den Drähten hinab und versetzt die reglose Oberfläche des Teiches in Bewegung. Ab und zu berühren die Bleilote das Wasser; dann breiten sich ringsum feine Wellen aus.*

wird von einer bunten Mauer und einer Glaswand, deren Anblick sich durch Kondenswasserbildung ändert, geschützt. Die Anordnung der Elemente gleicht einem Bühnenaufbau, der sich nach dem Zyklus der Natur ändert. Für zusätzliche Bewegung und Klänge sorgen die Gräser im Kiesgarten – der dunkle Schwarze Schlangenbart (*Ophiopogon planiscapus*) und das helle *Stipa tenuissima* (Engelshaargras).

Ihre Theatererfahrung hat Jenny Jones auch zum Einsatz innovativer Materialien ermutigt. Ein Ring und eine Kugel aus Metall liegen in der Mitte des Kiesgartens, wo Wände aus schwarzem Glas die silbernen Stämme der Himalaya-Birke *Betula utilis* var. *jacquemontii* reflektieren. In der Nähe des Teiches befindet sich eine »Wand« aus Rauschgold (hauchdünnen Messingblättchen, mit denen Oberflächen überzogen werden). Schmale Glasfenster in der Wand lassen einen Blick auf den Garten erhaschen.

Eines der kühnsten Elemente in diesem Garten ist ein großes Prisma aus drei 2,4 Meter langen und 10 mm dicken, verstärkten Glasplatten, die durch spezial angefertigte Stahlfixierungen mit-

einander verbunden sind. In dieser Konstruktion, die auch eine skulpturale Funktion erfüllt, ist der schwarze Bambus *Phyllostachys nigra* untergebracht. Das Erscheinungsbild vieler harter Materialien wie Prismaglas, die in diesem Garten eingesetzt wurden, ändert sich in Abhängigkeit vom Wetter. Mal verbirgt es den Bambus, mal spiegelt es die Gräser im Kiesgarten und das entfernte Haus oder zeigt eine herrlich verwirrende Mischung aus dem Bambus und der Umgebung.

Ein anderes Element ist sowohl optisch wie kinetisch reizvoll: Die »Wasserharfe« – im Grunde ein Hartholzrahmen, der ein Wasserbecken im unteren Garten überspannt. Durch einen verdeckten Schlauch wird das Wasser in eine von diesem Rahmen getragene Röhre aus rostfreiem Stahl gepumpt, und nachdem es durch kleine Löcher darin ausgetreten ist, rinnt es an Drähten aus rostfreiem Stahl hinab, die durch silberne Gewichte im Lot gehalten werden. Von einem nahen Sitzplatz aus Hartholz aus kann man den leisen Klang des hinabtröpfelnden Wassers genießen.

unten *Am Rand des Kiesgartens steht ein Glasprisma als geometrisch-skulpturales Element. Die Metallkugel sorgt für zusätzlichen formalen Kontrast. Das Aussehen des Prismas ändert sich im Laufe des Tages. Hier rinnt der frühmorgendliche Tau am Glas hinunter und enthüllt langsam die Bambuspflanzen dahinter.*

EIN LICHTTHEATER

VOM WINDE BERÜHRT

MAKATO SEI WATANABE

Mura-no Terrace, ein neuer Kultur- und Informationskomplex, liegt tief in den Bergen der japanischen Gifu-Präfektur und ist die moderne Lösung für ein Grundstück, das von einer großartigen, aber auch ehrfurchtgebietenden Natur umgeben ist.

Bewegung ist das Hauptmotiv in diesem von Makato Sei Watanabe entworfenen Projekt. Und so modern es auch wirkt – dieses Gelände spiegelt die Philosophie von Generationen japanischer Gartengestalter wider. In direkter Nachbarschaft einer der bevölkerungsärmsten Gegenden des Landes erfreut es sich der malerischen Landschaft. Doch in dieser abgelegenen Gegend erhellen Fernseher mit Großbild die Nacht: Die Ortsansässigen genießen etwas, wovon japanische Stadtbewohner meist nur träumen können: den Komfort des Stadtlebens mit all seiner modernen Technik inmitten unberührter Natur.

Watanabes Anlage orientiert sich an den traditionellen japanischen Gärten, die den Wundern der Natur jahrhundertelang gehuldigt haben. Jedes außergewöhnliche Phänomen, vom typischen Exemplar eines Baumes bis hin zu einem charakteristisch geformten Felsen, vom Wasserfall bis hin zur Felswand, kann Ehrfurcht einflößen. Dementsprechend war der Grundgedanke bei Mura-no Terrace, die Natur nicht zu ignorieren oder zu verändern, sondern sich von ihr inspirieren zu lassen, um ihre Schönheit hervorzuheben und ihr zu huldigen. Oberstes Ziel war es, dem Besucher beim Erleben der Landschaft – insbesondere eines Flusses unterhalb des Geländes – zu helfen. Dies erreichte man durch den Bau einer freitragenden Aussichtsplattform, die über dem Fluss zu schweben scheint, ohne die natürliche Landschaft zu stören. Von ihr führt der Blick auf das Wasser hinab und in die Berge hinein. Diese Lösung zeigt, dass Landschaftsgestaltung nicht immer einen Eingriff in die Landschaft bedeuten muss, sondern auch einfach einen Zugang oder eine Aussicht ermöglichen kann.

Die Errichtung des Gebäudekomplexes dagegen erforderte eine teilweise Neugestaltung der Landschaft, wobei wirkliche und scheinbare Bewegung als Leitmotiv diente. Wasser ist eines der

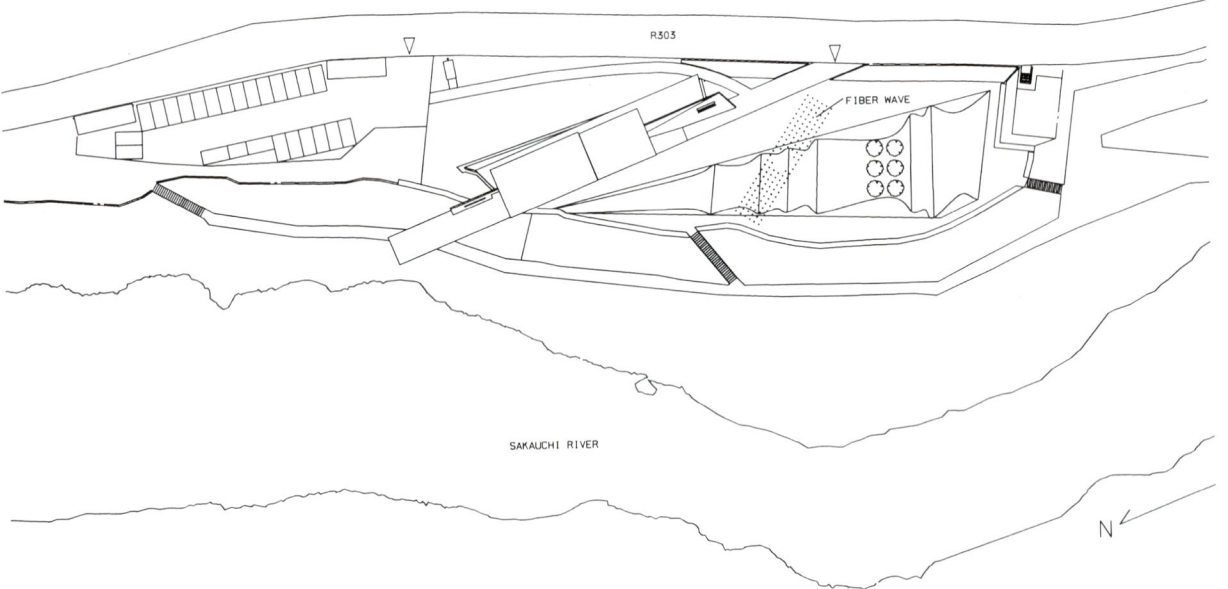

links *In diesem Grundriss von Mura-no-Terrace sieht man unten links die freitragende Aussichtsplattform, die aus dem Komplex hinausragt. Sie lässt die Besucher über einem Fluss schweben und bietet einen großartigen Ausblick.*

oben *Der Gebäudekomplex, dessen High-Tech-Oberflächen den Himmel spiegeln, hat einen entlegenen, ländlichen Standort, der dem Designer die Möglichkeit gab, eine ganze Reihe futuristischer Landschaftsideen umzusetzen. Mit Hilfe moderner Technik und Elektronik huldigen die plastischen Elemente der majestätischen Berg- und Flusslandschaft ringsum.*

Grundelemente des japanischen Gartens, doch es muss nicht unbedingt echt sein, und in der Tat wird bewegtes Wasser oft nur durch den fantasievollen Einsatz von Stein oder Kies angedeutet. Dieser Tradition gemäß befindet sich vor dem Gebäude, das zur Aussichtsplattform hinausgeht, ein Element, das einer großen, grünen Welle gleicht. Bei dieser als »Rand des Wassers« bezeichneten Konstruktion werden künstliche Landschaftsformen in die natürliche Landschaft integriert und spiegeln sie zugleich wider. Diese Idee hängt mit einer weiteren Tradition japanischer Gärten zusammen: der Errichtung eines Miniaturabbildes der Natur inmitten natürlicher Umgebung. Auch der Minimalismus dieser grünen Hügel – des einzigen bepflanzten Bereichs im ganzen Komplex – ist typisch japanisch. Er steht unter dem Zeichen der Zen-Gärten des 14. und 15. Jhs. aus Stein und Kies, die eine Landschaft durch Reduktion auf ihre Grundformen andeuteten. Wie in jenen historischen Gärten sollen die fließenden, plastischen Formen von Mura-no Terrace die innere Einkehr fördern und zugleich dekorativ wirken – obwohl die Hügel hier auch einen Zweck erfüllen, da sie als Sitzbereich dienen, wenn man die Plattform als Bühne nutzt.

In der Regel sorgt fließendes Wasser in Form eines Bachs oder Wasserfalls im traditionellen japanischen Garten für reale Bewegung. Es wurden aber auch andere kinetische Mittel eingesetzt, die z. T. Klänge in den Garten bringen, z.B. Wasser, das aus einem Bambuskanal bzw. -rohr in ein Wasserbecken tropft, das Läuten einer Windglocke und – am bekanntesten – die Sozu. Das Wasser fließt aus einem Kanal in das schräggeschnittene Ende der Sozu; dieses senkt sich, wenn sie angefüllt ist, und das Wasser fließt heraus. Dadurch kehrt das andere Ende wieder in seine ursprüngliche Position zurück und schlägt dabei mit einem lauten, hohlen Klang auf einen Felsen.

Für wirkliche Bewegung sorgt eine environmentale Skulptur, die sowohl von Naturverständnis zeugt als auch die japanische Vorliebe für modernste Technik widerspiegelt: »Vom Winde berührt« bildet mit Hilfe von 150 vier Meter hohen Stangen aus Kohlenstoff-Faser eine Wiese nach, die im Wind wogt. Watanabe wurde hier von der ständigen Bewegung in der Natur inspiriert. Er bemerkte, dass Lebewesen – selbst im Boden verwurzelte Pflanzen – nie ruhen. Ihre Position und Gestalt ändern sich durch Einwirkung von Wind, Regen, Temperatur und Licht ständig; sie nehmen die Haltung ein, bei der sie am wenigsten Energie verbrauchen, und ihre Schönheit rührt von diesem Überlebensmechanismus her.

Zur künstlichen Reproduktion der Mechanismen eines lebenden Organismus bedarf es technischer Mittel wie Kohlenstoff-Fasern, Solarzellen und heller Leuchtdioden: Die Stangen aus Kohlenstoff-Faser, die mit Solarbatterien und hellen Dioden an den Spitzen ausgestattet sind, bewegen sich nicht, bis sie angeregt werden; im Wind dagegen beugen sie sich etwas und schwingen hin und her. Die tagsüber vom Sonnenlicht aufgeladenen Leuchtdioden beginnen in der Nacht zu blinken, während sie hin- und her schwingen; sie bilden damit ein ebenfalls kinetisches Lichtelement. Die meisten kinetischen Vorrichtungen wiederholen mechanisch denselben Vorgang immer wieder, wohingegen hier die Bewegung mit den Kräften der Natur harmoniert. Man mag diese Anlage als plastisches Pendant zu Pflanzen begreifen. Technik wird hier nicht einfach eingesetzt, um die Natur zu imitieren, sondern soll ein Schlaglicht auf ihre Phänomene werfen.

links *Die völlig kahle Aussichtsplattform ist eine geniale Form der Landschaftsgestaltung: Sie verbindet die Architektur des Gebäudekomplexes visuell mit der Landschaft ringsum, ohne deren Schönheit und Dramatik zu schmälern.*

oben *Schon die leichteste Brise lässt die Welle aus Kohlenstoff-Faser-Stangen im Vordergrund wie hohes Gras im leichten Wind hin- und herschwingen. Die wellenartigen grünen Hügel im Hintergrund spiegeln die Silhouette der bewaldeten Berge ringsum wider.*

DER TAKAPUNA-GARTEN

TED SMYTH

Nach Einbruch der Dämmerung wird dieser kleine Hinterhofgarten von den Lichteffekten des neuseeländischen Gartengestalters Ted Smyth in einen bunten, rätselhaften Raum verwandelt. Früher ließ er sich bei seinen Kunstwerken von Regenbogen inspirieren, und diese Begeisterung für das Farbspektrum mag seine Beleuchtungstechnik erklären, die eher an Las Vegas als an einen ruhigen Privatgarten erinnert.

Die moderne Technik hat vor allem in Form von Beleuchtungen und automatischen Bewässerungssystemen Eingang in den Garten gefunden. Dies entspricht den Anforderungen moderner Lebensführung – vermutlich vor allem in städtischen Gesellschaften, wo man angesichts eines langen Arbeitstages tagsüber nur wenig Zeit daheim verbringt. Viele wünschen sich einen Garten, der sich so gut wie möglich selbst versorgt und an dem man sich auch in der Dunkelheit erfreuen kann; er sollte nachts genauso interessant sein wie am Tag.

Beleuchtung ist heute ein alltägliches Gartenelement und besteht meist in erster Linie aus einer Reihe von Scheinwerfern, die über die gesamte Fläche verteilt werden, um bestimmte Pflanzen, Dekorationen und Wege zu beleuchten, die so auch bei Nacht sichtbar bzw. zugänglich sind. Das ehrgeizigste Extra in solchen Gärten ist oft eine Unterwasser-Beleuchtung des Springbrunnens.

Die zunehmenden Anforderungen an den nächtlichen Garten haben viele heutige Gartendesigner jedoch auch dazu angeregt, die Beleuchtung als wesentliches Element zu verstehen. Einige haben den Garten dabei als Bühne interpretiert, die für eine abendliche Aufführung beleuchtet werden soll. Ted Smyth hat hier eine Light-Show kreiert, die den Garten bei einsetzender Dämmerung verwandelt – bis die Nacht hereinbricht. Die Beleuchtung verändert Stimmung und Charakter des Gartens und gibt ihm etwas Geheimnisvolles. Die Gestalter solcher Gärten

rechts *Eine Stahlskulptur wird vom Streulicht aus nahe gelegenen Räumen angestrahlt. Im Hintergrund taucht die Neonbeleuchtung alles, was sich innerhalb der Portale befindet, in blaues Licht; die Mauern und Spalierwände wirken dadurch wie große minimalistische Gemälde. In Verbindung mit den Spiegelungen im Zierteich machen diese Effekte den kleinen Hof bei Nacht fast zu einem Bühnenerlebnis.*

haben oft Beleuchtungssysteme und Techniken eingesetzt, die weit über die normale Gartenbeleuchtung mit auf- und abwärts gerichteten Strahlern hinausgehen. Smyth hat hier auf konventionelle Verfahren verzichtet und einen grellen Lichttyp verwendet, der in der Regel eher zu kommerziellen oder praktischen Zwecken eingesetzt wird: Neonlicht.

Nach Einbruch der Dunkelheit bringt er mit Hilfe von Neonlicht Leben in eine Reihe abgegrenzter, von Mauern umgebener Räume. Dieser Hofgarten ist in mancherlei Hinsicht konventionell: Bei Tag dominieren hier Felsen, Pflastersteine, Spaliere, weiße Mauern sowie exotische Pflanzen und Bodendecker. Die weiß verputzten Betonmauern mit einem Spalierstreifen darüber verbergen den Tennisplatz des Besitzers. Die Stahlrohr-Skulptur mit dem passenden Namen »Stämme und Ranken«, die im Zierteich steht, verleiht dem Garten etwas Modernes, aber die neuartigsten und faszinierendsten Elemente sind die großen, schlichten, wuchtigen, fensterartigen Portale, die über die Mauern hinausragen. Sie sind allesamt freistehend, nicht miteinander verbunden und so hoch wie die spaliergekrönte Mauer dahinter. Bei Tag brechen diese gleichförmigen Öffnungen die Mauer gleich einer Reihe von Bilderrahmen auf, deren jeder ein bestimmtes, dreidimensionales »Gemälde« aus Pflanzen, Felsen und blauem Spalier einfasst. Hinter den Portalen gegenüber dem Zierteich sind rechteckige Spalierwände in die Mauer eingelassen, um wie ein weiteres Fenster einen Blick auf den Tennisplatz zu gestatten.

Bei Einbruch der Nacht zeigt sich der eigentliche Zweck dieser Portale: Sie verwandeln sich in Lichtquellen, wenn die diskret an ihrer Unterseite angebrachten Neonröhren blau zu leuchten beginnen. Mauer, Spalier und Bepflanzung in den Portalen erscheinen dadurch in erster Linie blau, aber auch andere Farben sind auszumachen. Alles von ihnen eingefasste wirkt verändert. Die bei Tag deutlicher gezogenen, engeren Grenzen des Hofes wirken jetzt weniger scharf. Streulicht aus Räumen, die auf den Garten hinausgehen, bildet die einzige zusätzliche Lichtquelle.

Dieser Effekt ähnelt dem der Neonskulpturen des Künstlers Dan Flavin in den späten 60er-Jahren. Seine Neonlicht-Cluster, die z.T. bestimmte Formen andeuteten oder Räume abgrenzten, schienen ihren Zweck nur im beleuchteten Zustand zu erfüllen. Ebenso zeigt sich die Funktion von Smyths »Lichtportalen« erst, wenn sie sich bei Einbruch der Nacht in Fenster aus Licht verwandeln.

Neonlicht hat keine punktförmige Quelle und erzeugt daher auch keine scharf umrissenen Schatten wie konventionelle Gartenlampen. Neonlampen lassen sich auch leichter verstecken als Scheinwerfer. Da sie nicht heiß werden, können sie zudem gefahrlos abgedeckt und wie in diesem Garten in architektonische Konstruktionen eingebaut werden.

In den meisten Hausgärten soll die Beleuchtung lediglich das bereits Vorhandene hervorheben. In diesem Garten dagegen ist sie selbst ein teils architektonisches, teils skulpturales Gestaltungselement. Die heutige Beleuchtungstechnik bietet dem fantasievollen Gartengestalter viele Möglichkeiten. Hat man gesehen, wie Smyth in diesem Garten Neonlicht einsetzt, kann man sich leicht vorstellen, welche Effekte durch den Einsatz anderer Lichtquellen wie einer Laser- oder faseroptischen Beleuchtung in beinahe jedem Außenbereich erzielt werden könnten.

unten Neonlicht wirkt auch am Tage faszinierend: Das Portal leuchtet blau und umrahmt Spalier, Felsen und Bepflanzung darin wie bei einem dreidimensionalen Gemälde. Eine angestrahlte weiße Platte in der Mitte der Öffnung akzentuiert die bunte Pflanze davor.

rechts Die kontrastierenden, in kühles, blaues Licht getauchten Formen der Agave und der kugelförmigen Skulptur nehmen ein geheimnisvolles Aussehen an. Dieser Effekt wird durch den Einsatz von Neonröhren erzielt. Im Gegensatz zu Scheinwerfern werden Neonröhren nicht heiß und können in architektonischen Elementen versteckt werden.

DER TAKAPUNA-GARTEN 105

EINHEIT VON HAUS UND GARTEN

EINHEIT VON HAUS UND GARTEN

Mit der engen Beziehung zwischen Garten und Architektur lässt der High-Tech-Garten eine Idee wieder aufleben, die bis auf die Renaissance zurückgeht. Der italienische Architekt Leon Battista Alberti schrieb 1452, dass Haus und Garten als in sich ausgewogenes Ganzes zu behandeln seien und dass ein Garten nicht von der Landschaft abgetrennt, sondern auf sie projiziert werden solle. Daher erschienen hochgelegene Grundstücke besser geeignet. Diese Prinzipien prägen auch den Stil der Renaissance-Gärten. Indem man die Villa an einem Hang anlegte, nutzte man die Höhenunterschiede, wodurch jede Etage Zugang zu einem anderen Garten hat. Eine beeindruckende Wassertreppe verbindet die formale Gartenanlage mit Wald und Wiesen ringsum. Der Gartenarchitekt Donato Bramante ging beim Garten der Villa Belvedere in Rom noch einen Schritt weiter. Hier wurde sogar das Terrain architektonisch geformt – z.B. zu einer Bühne, zu Terrassen, Treppen und Rampen.

In Europa hielt eine anhaltende Vorliebe für den Formalismus die enge Verbindung zwischen Haus und Garten aufrecht. Im England des 18. Jhs. jedoch entwickelte sich ein neuer, weniger formaler Trend »natürlicher« Herangehensweise im Gartendesign.

unten *Der Garten der Villa Cicogna Mozzoni ist ein perfektes Beispiel für das Renaissance-Prinzip der Einheit von Haus und Garten. Von einer Mauer herab gesehen zeigt sich der Hof als Garten aus gestutzten Buchsbaumhecken, Kieswegen und gleichförmigen Wasserbecken mit Balustraden.*

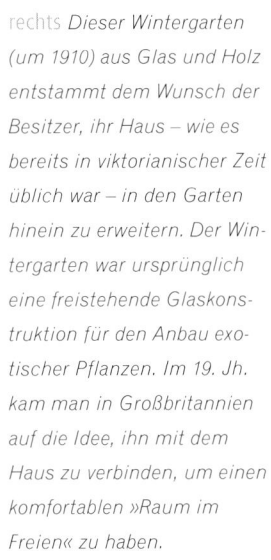

rechts *Dieser Wintergarten (um 1910) aus Glas und Holz entstammt dem Wunsch der Besitzer, ihr Haus – wie es bereits in viktorianischer Zeit üblich war – in den Garten hinein zu erweitern. Der Wintergarten war ursprünglich eine freistehende Glaskonstruktion für den Anbau exotischer Pflanzen. Im 19. Jh. kam man in Großbritannien auf die Idee, ihn mit dem Haus zu verbinden, um einen komfortablen »Raum im Freien« zu haben.*

Architektur wurde hier eher isoliert betrachtet, lieferte kunstvoll gearbeitete Brücken und Prunkbauten für eine Landschaft, deren minimal gepflegte Wiesen man bis zu den Mauern eines eleganten palladianischen Hauses wachsen ließ. Im 20. Jh. verhalf der Architekt Le Corbusier diesem Ansatz zu neuem Leben – vor allem durch Gebäude, die auf Pfählen errichtet wurden und wo die Wiesen ringsum bis an die Stützen heranreichen. Ohne Terrassen und Gärten war so ein Gebäude vollkommen unabhängig von seiner Umgebung.

Doch nicht immer ging es darum, Architektur von ihrer Umgebung oder dem Garten abzutrennen. Seit dem 19. Jh. wird eine architektonische Verbindung zwischen Haus und Garten am häufigsten durch den Wintergarten erzielt. Der ursprüngliche Holzbau entwickelte sich in viktorianischer Zeit zum glasüberdachten Anbau am Wohnhaus. Als echter Raum im Freien bot der Wintergarten dennoch Schutz.

In der amerikanischen Hausarchitektur von Richard Neutra (40er-Jahre) und Mies van der Rohe (50er-Jahre), bei der die Räume nicht mehr von festen Mauern abgegrenzt wurden, verwendete man vorwiegend Glas. Neutras Häuser erstrecken sich über das ganze Grundstück, wobei sie zugleich Gartenbereiche definieren und Rahmen für die Aussicht auf ferne Landschaften bilden. Innovative Bauverfahren und Methoden – darunter Stahl- und Glaskonstruktionen, Vorfabrikation und neue synthetische Stoffe – förderten eine offenere, fließendere Architektur, bei der sich Innen- und Außenräume beeinflussen und der Garten als Teil des Hauses wahrgenommen wird. So wurden Gebäude und Garten durch Architekten, nicht durch Gartengestalter wieder zusammengebracht. Überdachte Gehwege, vorstehende Gebäudeteile und dachlose Räume sind nur einige der Elemente, die in der zeitgenössischen Hausarchitektur eingesetzt werden, um das Haus zu erweitern.

Architekten unserer Tage wie Antoine Predock und Steven Ehrlich tragen direkt zur Entwicklung des Gartens bei. Sie haben Gartengestalter dazu angeregt, moderne Materialien und Verfahren zu verwenden und ein stärkeres dreidimensionales Raumbewusstsein zu entwickeln. Viele ihrer Ideen haben Gartenanlagen an ungewöhnlichen Orten ermöglicht – von Dächern bis hin zu Baumwipfeln. Die zunehmende Fähigkeit zum dreidimensionalen Denken hat zu Gärten auf mehreren Ebenen geführt. Warum nicht in die Höhe bauen, wenn Grundstücke teuer oder knapp sind? Kleine Plätze in städtischer Umgebung sind oft schattig und düster, und hier kann ein vertikaler Garten die Lösung sein. Das beeindruckendste Beispiel ist wohl der Garten, den die Architekten Enrique Browne und Borja Huidobro für ein Bürogebäude in Santiago (Chile) geschaffen haben. Die Beziehung zwischen Garten und Gebäude ist hier denkbar eng, denn als äußere Verkleidung der abgestuften Westfassade dient ein grüner Pflanzenvorhang.

unten *Dan Pearsons Auftrag für den »Millenium Dome« in London war es, entlang hoher Mauern, die Service-Einrichtungen verbergen, eine Reihe abgestufter Terrassen zu bepflanzen. Durch die Beleuchtung wird der Eindruck eines vertikalen Gartens verstärkt.*

oben *Die von Steven Ehrlich entworfene Gold-Friedman Residence erweckt mit Hilfe bunter Kacheln und eingebauter Sofas den Eindruck eines Raums im Freien. Eine Stahlbrücke verbindet das Haus mit der Terrasse und dem angrenzenden Hang.*

rechts *Für dieses Bürogebäude in Santiago kreierten Enrique Browne und Borja Huidobro einen hängenden Garten, dessen Bepflanzung nicht nur ein Designelement ist, sondern die Westfassade des Gebäudes zudem vor der Sonne schützt.*

GARTEN UND WINTERGARTEN

STEPHEN WOODHAMS & PETER ROMANIUK

Durch Materialen und Bauweisen, die man eher bei modernen gewerblichen Bauten antrifft, erhält dieses Haus sowohl einen Garten als auch einen Wintergarten. In Verbindung mit anpassungsfähigen Kübelpflanzen nutzt dieser Ansatz den begrenzten Raum in der Stadt optimal aus.

Der traditionelle Wintergarten entstand im viktorianischen England, damit man auch bei schlechtem Wetter im Garten sitzen konnte. Wer in dem mit dem Haus verbundenen Raum saß, konnte den offenen Ausblick auf den Garten und die Landschaft ringsum genießen. Ein Wintergarten ist die einfachste Möglichkeit, das Haus in den Garten hinein zu erweitern, und sein Anbau macht nur selten nennenswerte Umbauten am Haus erforderlich. Ursprünglich bestand er aus Holz und Glas, doch später verwendete man auch Ziegel für den unteren Bereich. Moderne Wintergärten sind oft nur ein schwacher Abglanz ihrer eleganten und detailreichen viktorianischen Vorfahren.

Viele Wintergärten sind Anbauten großer Häuser mit großen Gärten. In diesem Fall jedoch stand für den Wintergarten nur sehr wenig Platz zur Verfügung, und der überdachte Raum sollte optimal genutzt werden, ohne den winzigen Garten optisch einzuengen. Da die angrenzenden, hohen Gebäude den Garten überragen und dadurch dunkler machen, sollte der Wintergarten so wenig zusätzlichen Schatten wie möglich werfen.

Aufgrund dieser Überlegungen entschied der Architekt Peter Romaniuk schon bald, dass Wände, Dach und sogar tragende Teile aus Glas sein sollten; lediglich für die Türrahmen nahm man ein anderes Material – in diesem Fall Metall. Glas wurde so erfolgreich als Baumaterial weiterentwickelt, dass man es in der heutigen Architektur auf vielerlei Arten verwendet. Zur Demonstration seiner neuentwickelten Stabilität wurde es z.T. sogar als Bodenbelag für Brücken eingesetzt. Auch der Boden des Wintergartens besteht aus Glas, in diesem Fall einer fein strukturierten, durchscheinenden Sorte. Er ruht auf Stahlträgern, und unter den Glasplatten befinden sich Lampen, die nachts die wichtigste Lichtquelle für den ganz aus Glas bestehenden Raum. Durch eine durchsichtige Glasplatte in der Mitte des Raums erblickt man auf undefinierbare Gegenstände, die wie eine Gruppe von Dinosauriereiern auf einer Teppichunterlage aussehen.

In diesem Wintergarten scheint die Grenze zwischen Innen und Außen zu verschwimmen. Der im Rahmen des Projekts neuangelegte Garten setzt den verglasten Bau fort. Er ist erhöht und auf zwei Ebenen angelegt; sein »Boden« besteht aus »Flow Form«, einem verzinkten Stahlgitter aus parallelen, vertikalen Bändern, die von Stangen ein Stückchen auseinandergehalten werden. »Flow Form« wird in der Regel als Bodenbelag in Industrieanlagen oder für die Stufen von Feuerleitern im Freien verwendet, erzielt hier aber trotz solch wenig bezaubernden Assoziationen eine tolle ästhetische Wirkung. Nachts kann der Garten durch Lichter unter dem Stahlgitter erleuchtet werden, und die Bepflanzung kann durch das Gitter hindurch wachsen. Alle anderen Oberflächen des Gartens bestehen aus modernen Metallarten. Niedrige, senkrechte Böschungsmauern und weitere Oberflächen wurden aus Aluminiumplatten mit Karomuster gefertigt.

Die Pflanzgefäße auf diesen Oberflächen bestehen aus verzinktem Stahlblech, das gewalzt und in verschiedene zylindrische oder sich verjüngende Formen gebracht wurde. Sie stehen in enger Beziehung zu den darin wachsenden Pflanzen. Immergrüne Bambuspflanzen und Phönix-Palmen werden durch saisonabhängige Arrangements und Schnittblumen in Pflanzgefäßen derselben Art zur Geltung gebracht. Einfache weiße Hyazinthen werden im Frühling mit papierweißen Narzissen kombiniert, denen später weiße Hortensien folgen. Weiß ist die einzige Farbe, die in dieser High-Tech-Umgebung aus Glas und Stahl erlaubt ist.

rechts Die in Wintergarten und Gartenbereich eingesetzten High-Tech-Materialien entsprechen einander; es wurden lediglich verschiedene Glassorten und Metalloberflächen verwendet. Der höher gelegte Boden gläsernen Wintergartens besteht aus gehärtetem, undurchsichtigem Glas. Unter einer in den Boden eingelassenen Glasplatte befinden sich vier Reihen von Objekten, die riesigen Eiern gleichen. Ihre Deutung bleibt der Phantasie überlassen.

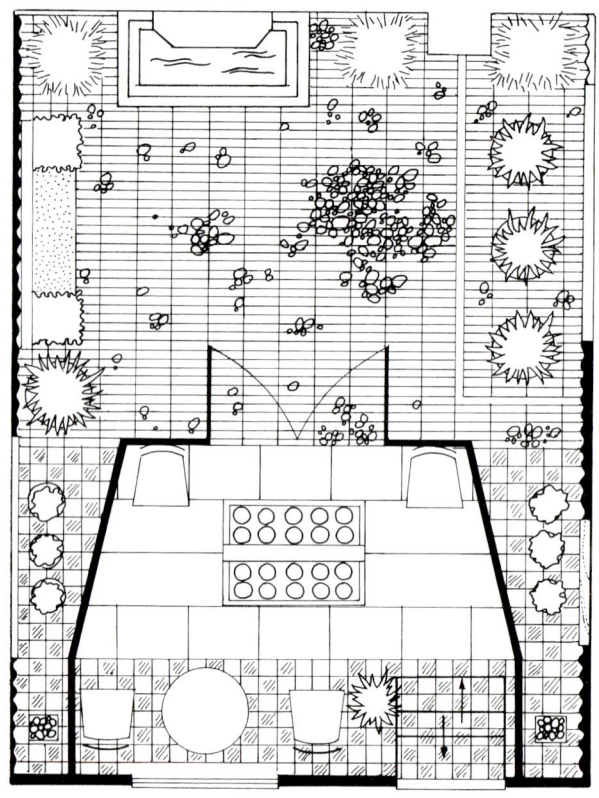

links *Der Grundriss zeigt, wie klein der für den Wintergarten reservierte Raum ist und wie wichtig es war, dass sich die neue Konstruktion harmonisch in den Garten einfügt. Im Wintergarten wurde mit reflektierenden Materialien, Spiegeln und Wänden ganz aus Glas gearbeitet, um den begrenzten Raum größer wirken zu lassen.*

Es überrascht nicht, dass auch die Gartenmauern z. T. aus Metall bestehen. Verzinktes Wellblech, wie es normalerweise für Bedachungen verwendet wird, ist leicht und widerstandsfähig. Sein Glanz bringt mehr Licht in den Garten, und in der Tat ist der kleinste gemeinsame Nenner aller hier verwendeten Materialien, dass sie stark reflektieren und daher sowohl Wärme als auch Licht in Garten und Wintergarten lenken.

Mit diesen Materialien lässt sich zudem leicht arbeiten, was besonders praktisch ist, wenn der Zugang wie im Falle dieses Gartens schwierig ist. Sie lassen sich auch wesentlich sauberer verarbeiten als traditionelle Baumaterialien wie etwa Betonblöcke für den Bodenbelag oder Ziegel und Mörtel. Bei diesem Projekt konnte der größte Teil des Gartens aufgrund der standardisierten Materialien und ihrer einfachen Verarbeitung außerhalb gefertigt und zusammen gebaut werden – ungefähr so wie eine Einbauküche.

Es ist jedoch die Verwendung von Glas, insbesondere in Form von Spiegeln, die Garten und Wintergarten trügerisch groß wirken lässt. Zwei Spiegel wurden zwischen zwei Wellblechplatten befestigt, und wenn man durch die leicht reflektierenden Wände des Wintergartens blickt, entsteht das Trugbild eines sich immer wiederholenden Gartens: Die Spiegelbilder setzen sich immer weiter fort, wodurch ein scheinbar unendlicher Raum entsteht.

rechts *Blickt man aus dem Wintergarten nach draußen, sind Wände und Dach der fast nur aus Glas bestehenden Konstruktion beinahe unsichtbar. Ein Spiegel zwischen zwei hellen, verzinkten Wellblechplatten lässt den Eindruck entstehen, der Innenraum gehe weit über seine wirklichen Grenzen hinaus. Die weißen Hortensien scheinen im Wintergarten zu stehen, befinden sich jedoch in der Tat draußen.*

DAS FULLER-HAUS

ANTOINE PREDOCK

Wenn ein Designer zugleich erfahrener Architekt und Landschaftsgärtner ist, überrascht es nicht, dass er Architektur und Landschaft nicht getrennt, sondern als Einheit betrachtet. Bei diesem Haus in Phoenix (Arizona) sind Innen- und Außenräume nicht nur miteinander, sondern auch eng mit der Außenwelt verbunden.

Antoine Predock beschreibt seine Gebäude und Gartenanlagen als »Prozessionsereignisse, choreographische Ereignisse« und »eine Anhäufung sowohl perzeptiver als auch empirischer Aussichtspunkte«. Während man innerhalb oder außerhalb eines solchen Gebäudes von Raum zu Raum geht, bekommt man Lust, verschiedene Aspekte der Umgebung zu erkunden. Hier hat Predock Haus und Gartenanlage als zusammenhängendes Ganzes behandelt.

Blickt man durch das Tal, in dem Phoenix liegt, dann steht das Haus gegenüber einer Reihe felsiger Hügel mitten im halbwüstenhaften Buschland. Die Landschaft ringsum ist eben; die Vegetation besteht nur aus Kakteen und Buschwerk. Die architektonischen Formen passen in diese Landschaft: Grob verputzte, ungestrichene Wände und einfache geometrische Formen sind typisch für einen Baustil, der auf der volktümlichen Baukunst in diesem Teil von Arizona und New Mexico fußt – ein Stil, den man mit mexikanischer Dorfarchitektur, präkolumbianischen Häusern und Kirchen aus der spanischen Kolonialzeit in Verbindung bringt.

Um Haus und Gartenanlage in ihre Umgebung einzubinden, orientierte Predock ihre Aufteilung nach der Sonne. So hat das Haus einen Morgen- und einen Abendflügel, die nach Osten bzw. Westen hinausgehen. Sie sind durch eine einseitig geöffnete Arkade miteinander verbunden, die bis zu einer Pyramide führt und einen großen Hof mit einem Wasserbecken in der Mitte einfasst. Das Wasser fließt zunächst durch Felsen, die an der glatt verputzten äußeren Grenzmauer des Hofes hoch- und über sie hinüber-»klettern«, bevor es durch einen Kanal in das Becken gelangt. Dieser Kanal beschreibt eine präzise Nord-Süd-

links *Am Fuß der Außenmauer der Terrasse bildet ein Springbrunnen einen Wasservorhang. Diese nach Osten ausgerichtete Seite der Terrasse erlaubt den Blick auf die aufgehende Sonne. Hier können die Bewohner die Schönheit des Himmels genauso wie die weite Landschaft erleben.*

rechts *Dieser Blick in den Hof zeigt die nach der Nord-Süd- und der Ost-West-Achse ausgerichteten Wasserkanäle. Felsbrocken lenken einen Wasserfall in einen der Kanäle und in das Wasserbecken. Sie verbinden den Hof mit der Landschaft, indem sie sich an der Außenmauer auftürmen.*

Achse. In der Nähe der Pyramide taucht ein zweiter, schmaler Wasserkanal aus dem Haus auf und fließt auf der Ost-West-Achse im rechten Winkel zum anderen Kanal in das Becken. Die beiden Wasserläufe entsprechen der Ausrichtung des Hauses innerhalb seiner Umgebung.

Die Gebäude fassen drei Seiten des Platzes ein; auf der vierten Seite erstreckt sich von der Pyramide aus eine niedrige Mauer als südliche Abgrenzung. Sie wird von willkürlich angeordneten Steinen und Felsen durchbrochen, die eine Verbindung zwischen dem Hof und dem rauhen Gelände jenseits davon herstellen sollen. Die Pyramide unterscheidet sich architektonisch vom Rest des Gebäudes. Als Stufenpyramide erinnert sie an die alten südamerikanischen Kulturen, aber ihre Glasspitze gehört eindeutig ins 20. Jh. Im Hof wurde gar nicht erst versucht, einen bepflanzten Bereich anzulegen: Sand, Felsen und Sträucher setzen den natürlichen Charakter der Landschaft ringsum fort und wurden in einigen Fällen um bestehende Elemente herum angeordnet.

Die anderen Außenbereiche – eine Sonnenaufgangs-Terrasse und ein Sonnenuntergangs-Turm – sind offen angelegt und spiegeln die Architektur des Hauses wider. Sie werden kaum als Gartenelemente wahrgenommen, sind aber moderne Entsprechungen zu dem in den englischen Landschaftsgärten des 18. und 19. Jhs. beliebten Ziertempel. Die Terrasse liegt am Ende des Ostflügels. Vor ihrer langen, nach Osten weisenden Mauer befindet sich ein kleiner, zur aufgehenden Sonne ausgerichteter Springbrunnen aus zwei Steinblocksäulen. In deren einander zugewandten Seiten befinden sich in regelmäßigem Abstand Löcher, aus denen das Wasser schießt und quasi einen Vorhang bildet.

Der Turm auf der Westseite ist nur über das Elternschlafzimmer erreichbar und bietet einen ungestörten Ausblick auf den Sonnenuntergang. Terrasse und Turm besitzen kein Dach, sondern eine spalierartige Stahlüberdachung, durch die das Licht dringt und Muster auf die verputzten Wände wirft. Nicht verglaste, fensterartige Öffnungen in ihren Wänden ermöglichen den Ausblick nach Osten bzw. Westen. Terrasse und Turm bieten nicht nur einen schattigen und geschützten Sitzbereich im Freien, sondern ermöglichen es, den Tagesablauf von Sonnenaufgang bis Sonnenuntergang unmittelbar zu verfolgen.

rechts *Der Entwurf für Haus und Außenbereich orientierte sich am Sonnenauf- und untergang. Hier wird der Hof mit Wasserbecken und Loggia vom Sonnenuntergang beleuchtet. Die pyramidenförmige Studie trägt zum skulpturalen Charakter des Platzes bei.*

THEATER DER BÄUME

ANTOINE PREDOCK

Antoine Predock ist ein in Albuquerque (New Mexico) ansässiger Architekt und Landschaftsdesigner. Viele seiner Arbeiten sind von der Umgebung seines Heims inspiriert – einer malerischen Landschaft mit traditionellem Baustil. Über die Arbeit in New Mexico sagt er: »Hier strebt man nach dem Himmel und bleibt zugleich mit seiner geologischen und kulturellen Vergangenheit in der Erde verwurzelt.« Dieser Garten ist ein gutes Beispiel für Predocks Designphilosophie, obwohl er nicht in seiner vertrauten Gegend liegt. Das »Theater der Bäume« liegt in Dallas (Texas) und wurde für Kunden gebaut, die mit Begeisterung Vögel beobachten.

Wenn man sich dem Anwesen nähert, stößt man zuerst auf einen ansteigenden Block aus riesigen Kalksteinbänken, die Predock als »gewichtigen, erdgebundenen Vordergrund« beschreibt: ein »Damm der Erwartung.« Sie wurden aus Kalkstein der quer durch Dallas verlaufenden Austin Chalk Formation gefertigt und sollen einen Bezug zwischen dem Anwesen und seinem Standort – in diesem Fall der Rand einer steilen, bewaldeten Schlucht – herstellen. In den Kalkstufen wurden terrassierte Beete angelegt und bepflanzt, um Vögel anzulocken. Die ausgewählten Pflanzen sind typisch für die Fauna der texanischen Kalklandschaft.

Damit die Bewohner die wunderbare Landschaft und Natur voll auskosten können, kann man von fast jedem Raum des »Theaters der Bäume« aus irgendwie nach draußen gelangen. In das als Aussichtsplattform dienende Dach ist ein rundes Dachfenster eingelassen, um Licht in den Essraum darunter gelangen zu lassen.

Wie bereits die Gestaltung der Frontseite andeutet, befindet sich das Haus am Rand einer Schlucht, und von der offenen Seite des Gebäudes aus hat man eine phantastische Aussicht. Predock dachte beim Entwurf des Hauses jedoch nicht nur an diese Aussicht, sondern fügte noch eine »Himmelsrampe« hinzu. Dieses Element des Hauses knüpft ganz logisch an Ideen an, mit denen der italienische Renaissance-Architekt und Gelehrte Leone Battista Alberti viele Gärten prägte, die damals in seiner Heimatstadt Florenz und in ihrer Umgebung angelegt wurden. In seinem 1452 fertiggestellten Traktat »De re aedificatoria« entwickelte Alberti den Gedanken, dass Haus und Garten als Einheit behandelt und beide Teil der Landschaft sein sollten.

Für Renaissance-Villen und -Gärten wählte man bevorzugt Hanglagen als Standorte, damit sie soviel Sonne und Wind wie möglich bekamen und zudem eine weite Aussicht ermöglichten. Alberti selbst entwarf im Jahr 1459 für den Kaufmann Giovanni Rucellai die Villa Quaracchi am Stadtrand von Florenz und berücksichtigte dabei alle Prinzipien, die er in seinem Traktat dargelegt hatte. Von einer erhöhten Terrasse mit Balustrade sollte man hier auf Wassergraben und Fischteiche ringsum blicken; an einer anderen Stelle des Gartens baute er als Kunstgriff eine verlängerte Pergola, die aus dem Garten hinausreichte, indem sie sich mit einer Allee verband. Auf diese Weise konnte der Besitzer den Fluss und die vorüberziehenden Boote beobachten. Um Albertis Vorstellungen zu verwirklichen, wurden nach den fortschrittlichsten Hoch- und Tiefbauverfahren jener Zeit gearbei-

rechts *Die »Himmelsrampe« führt in die dicht stehenden Bäume der Schlucht darunter. Sie besteht aus schwarzem, hochfestem Stahl und verläuft auf Stützen oberhalb eines Beton-»Bugs«. Der runde Raum links davon hat zum Zwecke maximaler Helligkeit und Sicht ringsum verlaufende Fenster und zudem ein Dachfenster.*

links *Der Grundriss zeigt die Beziehung zwischen dem Haus und – unterhalb davon – der Schlucht und dem Fluss. Die abgestuften Kalksteinbänke am Eingang sind deutlich zu erkennen, und der Plan zeigt, dass sie einen wesentlichen Teil des Baus ausmachen. Auch die im Verhältnis zu den Dimensionen des Hauses enorme Länge der »Himmelsrampe« ist deutlich erkennbar. Da sie sich im äußeren Randbereich des Besitzes befindet, erweitert sie das Blickfeld über die Grenzen des Grundstücks hinaus.*

tet. Trotzdem wäre es in der Renaissance nicht möglich gewesen, etwas wie Predocks »Himmelsrampe« zu bauen.

Diese Konstruktion ragt aus einem weißen Beton-»Bug« am Haus hervor und führt in das Blätterdach der Bäume, die darunter an den Wänden der Schlucht wachsen. Die »Himmelsrampe«, die in Richtung eines kleinen Flusses blickt, ist für die Vogelbeobachtung ideal und erlaubt es, von einem einzigen Platz aus Vögel in mehreren verschiedenen Habitaten zu beobachten, ohne sie zu stören. Mit ihren schmalen Beinen ähnelt sie einem Pier. Dieses High-Tech-inspirierte Element aus schwarzem, hochfestem Stahl besitzt einen Boden aus perforiertem Stahl, der den Blick nach unten erlaubt. Laut Predock schwingt die gesamte Konstruktion im Wind mit und produziert dabei Klänge, die ausgezeichnet zu den Vogellauten und dem Rauschen der Bäume ringsum passen.

Das Gebäude versucht nicht, sich in seiner unmittelbaren Umgebung zu verstecken – im Gegenteil: Die Verwendung industrieller Materialien und spitzer, geometrischer Formen erzeugt einen direkten Kontrast zur üppigen, weichen Landschaft. Predock hat jedoch an der bogenförmigen Rückseite des Hauses die Wirkung moderner Spiegelglas-Fenster genutzt, um das Haus geschickt in seine Umgebung einzubinden. Aus unterschiedlichen Winkeln betrachtet, reflektiert die hohe Glasfassade Bilder naher Bäume und erzeugt so einen High-Tech-Tarneffekt – durch Reflexion anstelle der sonst üblichen Bemalung.

Das Haus besitzt keinen Garten im gewöhnlichen Sinn, und es gibt keine Bereiche, die für eine Gartenbepflanzung vorgesehen wären. Es gibt jedoch ein gepflegtes Rasenstück innerhalb des weiß ummauerten »Bugs« unterhalb der »Himmelsrampe«, und um das Haus herum wurde eine Art Parklandschaft angelegt, deren Rasen bis direkt an die Hausmauern reicht.

Wo während des Hausbaus Ausschachtungen erforderlich waren, wurde der umgewühlte Boden wieder mit neuen Bäumen bepflanzt. Dafür wählte man eine Spezies, die bereits in der Schlucht vorkam oder zu den Bäumen dort passte. Die Bäume rings um das Haus wurden soweit möglich erhalten, und einige davon stehen genau vor den Fenstern. Die ursprüngliche Landschaft des Grundstücks mit ihrer einheimischen Tier- und Pflanzenwelt blieb weitgehend unberührt. Eine besondere Aufmerksamkeit galt dem Vogelbestand, der keinesfalls gestört werden durfte.

Da ein konventioneller Gartens fehlt, die unmittelbare Umgebung des Hauses zum Garten – schon einfach durch das Vorhandensein des Gebäudes und der Konstruktionen, die in seine Umgebung hineinführen bzw. den Ausblick auf sie ermöglichen. Das Vogelleben ist hier genauso wichtig wie die Pflanze für den konventionellen Gärtner – ein gutes Beispiel für einen Garten, der durch die schlichte Einbeziehung der Natur entstand.

rechts *Spiegelartige Fenster an der langen, gekrümmten Rückseite des Hauses reflektieren die Bäume ringsum und sorgen so für eine Art Tarnung. Während des Baus wurde die natürliche Flora so wenig wie möglich in Mitleidenschaft gezogen, und stellenweise stehen beinahe ausgewachsene Bäume ganz nahe am Haus. Diese Nähe gestattet es den Bewohnern, Vögel nicht nur von der »Himmelsrampe« aus, sondern auch vom Haus aus zu beobachten.*

DER GIBBS-GARTEN

ROD BARNETT

Bei diesem Garten in Neuseeland ragt die Hausarchitektur nicht nur bis in den Garten hinein und umfriedet ihn, sondern dient auch zur Bestimmung seiner inneren Form. Auf diese Weise wurden der Stil des Hauses und der des Gartens eng miteinander verbunden. Um dies zu erreichen, hat Rod Barnett auf den ummauerten Garten zurückgegriffen – eine Form der Anlage, die traditionellerweise für Schutz und Privatsphäre, hier aber auch für ästhetische Geschlossenheit sorgt.

Die symbolischen Paradiesgärten des alten Persien beruhten auf der Vorstellung, dass der Himmel auf die Erde gebracht worden wäre, und man nahm an, dass sie zum Schutz vor feindlichen irdischen Eindringlingen von einer Mauer umgeben sein müssten. Die meisten römischen Gärten dagegen waren offen – mit Ausnahme der abgeschlossenen, vollständig vom Haus umgebenen, innenhofartigen Bereiche in den wohlhabenderen Häusern von Pompeji. Im Mittelalter gab es wieder ummauerte Gärten, jetzt zum Anbau essbarer oder medizinischer Pflanzen, und in der Renaissance lieferten sie den Rahmen für zur Schau gestellten Reichtum.

Die landschaftsgärtnerische Revolution im England des 18. Jhs. verbannte den ummauerten Garten als Küchen- oder Schnittblumengarten aus dem Blickfeld. Bis dahin hatte die Gartenmauer einen praktischen Zweck erfüllt; im 20. Jh. dagegen wurde sie bei einigen Designern eher zum Gestaltungselement, als daß sie den Garten umfriedete. Auf diese Weise begann der mexikanische Landschaftsarchitekt Luis Barragán in den 40er-Jahren mit Mauern zu experimentieren. Sein Entwurf der Plaza del Bebedero de los Caballos (Las Arboledas, Mexico City, 1958) sieht freistehende Mauern vor. Eine hohe, rechteckige, weiße Mauer fungiert als Prospekt für die Baumschatten, während eine längere, niedrigere, blaue Mauer jenseits davon Entfernung suggeriert. Bei seinem Projekt auf der Plaza de las Fuentes (Mexico City) verwendet Barragán Mauern als formalen Rahmen, der Form und Struktur großer Felsen und exotischer Pflanzen davor betont.

Die weiße Mauer des Gibbs-Gartens erfüllt drei Zwecke: Sie schützt und sorgt für Privatsphäre, sie verbindet das Haus optisch mit dem Garten, und sie akzentuiert die Form und Struktur von

links *Zwei runde Felsen dienen als Trittsteine. Ihre natürliche Form und Struktur bilden einen Gegensatz zu den mehrfarbigen Kacheln auf dem Grund des Wasserlaufes.*

rechts *Der Blick vom Haus aus zeigt, dass der Garten in zwei Bereiche aufgeteilt ist. Ein Kanal und eine Kaskade trennen die Terrasse vom Fels- und Kiesgarten. Der Stil des Hauses setzt sich in der Terrasse und den Mauern fort, die den Garten abgrenzen. Die Uniformität der Mauern bringt etwas Regelmäßigkeit in die abwechslungsreiche Szenerie.*

Felsen und Pflanzen. Trotz seiner Modernität entspricht dieser Garten dem Ideal des italienischen Renaissance-Gartens, wonach Haus und Garten zu einer optischen Einheit werden. In der Renaissance setzte sich der Architekturstil des Hauses in den Gartenelementen fort, und dies sorgte für Ordnung und Symmetrie in der Gestaltung des Gartens und in seinen Proportionen. Mauern, Terrassen und Wasserbecken spiegelten die klassischen Verzierungen des Hauses wider, und die Hecken wurden nach geometrischen Mustern gestutzt.

links *Hier sieht man die scharfen Konturen der Terrasse und der Stufen, die von hergewehtem Ziergras gestört werden. Die gestufte Wasserkaskade zur Rechten trennt die Terrassenarchitektur vom zwanglosen Kiesgarten, der mit großen Felsbrocken durchsetzt ist.*

In diesem Garten aus dem 20. Jh. knüpfen die schlichten, geweißten Mauern und die gepflasterte Terrasse des Gartens an den modernistischen Stil des Hauses an. Schlichtheit und Zurückhaltung werden im Gibbs-Garten jedoch nicht so konsequent eingehalten wie in seinem Renaissance-Vorbild. Mauern und Pflasterung beschreiben dem Entwurf nach entweder eine einfache bogenförmige oder eine winklige Linie, um dem Garten Struktur zu verleihen. Doch anstatt das Prinzip der Zurückhaltung z.B. durch eine schlichte Rasenfläche fortzusetzen, werden nun unerwartete Elemente eingeführt, die aus dem Zusammenhang fallen – ein großer Felsen und ein Kiesgarten, der sich durch die ganze Anlage zieht. Selbst die schlichte Terrassenfläche blieb nicht unberührt und lässt einzelne Ansammlungen von Pflanzen und Felsbrocken zu. Im Gegensatz zu den italienischen Gärten des 15. und 16. Jhs. ist dieser Garten außerdem deutlich von seiner Umgebung abgegrenzt. Er unterscheidet sich stark von der Landschaft, die man jenseits der Mauer erblickt.

Die hohe Außenmauer sorgt im Garten für Privatsphäre und ist wegen der erhöhten Lage des Grundstücks auch zum Schutz vor den Küstenwinden erforderlich. Da die Mauer in einer Ecke dem natürlichen Gefälle des Geländes stufenweise folgt und das Obergeschoss einen Balkon besitzt, blieb der weite Ausblick jedoch erhalten. An anderen Stellen fungieren Mauern als Projektionswände und Prospekt für Anpflanzungen und Skulpturen.

Die klaren Linien und schlichten, weißen Wände des Hauses lassen einen modernistischen Baustil erkennen, der an die 30er-Jahre erinnert. Die in den Garten hinunterführenden Betonstufen sind fast minimalistisch; Handläufe wurden nicht oder nur diskret verwendet. Das Design des Gartens ist auf keinen Fall zurückhaltend, sondern voller Bewegung und lebendig. Die im Haus noch disziplinierte Architektursprache kann sich im Garten frei entfalten. Sie liefert sogar die Bühne für eine eklektische Mischung aus Plastiken und Zierobjekten.

Der Garten ist längs in zwei Hauptbereiche unterteilt. Eine hell und gleichförmig gepflasterte Terrasse legt sich bogenförmig rings um das Haus; bis zur Außenmauer erstreckt sich ein tiefer liegender Fels- und Kiesgarten. Diese beiden kontrastierenden Elemente werden fast auf ganzer Länge durch einen Kanal getrennt. Von den Terrassentüren fällt der Blick auf den bogenförmigen Kanal; er endet an einer skulpturhaften Palmengruppe, die sich als Silhouette vor einer hohen weißen Mauer abhebt.

Folgt man dem geschwungenen, erhöhten Rand der Terrasse, reicht das Wasserelement fast bis zu den großen Türen, die auf die Terrasse führen. Auf der anderen Seite wird der Kanal von einer Mauer zurückgehalten, die in ihrer Exaktheit stilistisch eher zum Haus gehört. Auch eine Reihe flacher Stufen verweist auf das Haus zurück. An die zurückhaltende, minimalistische Gestaltung dieses Elements wird jedoch nicht angeknüpft: Im Wasser weichen die schwarzen Fliesen auf dem Boden des Kanals plötzlich einer Mischung aus dunkel- und hellblauen Fliesen sowie einzelnen großen runden Steinen – Streunern aus dem Kiesgarten.

Die architektonische Einfachheit des Gesamtentwurfs wird ganz bewusst durch einige willkürliche Zwischenfälle gestört. Auf der Terrasse herrscht dasselbe Durcheinander: In unregelmäßigen Abständen durchbrechen Löcher für die Bepflanzung und weitere Felsen den glatten Boden.

links *Auf der Terrasse bilden eine Topf-Agave, eine Muschel und ein Schädel eine Vignette, die ins Auge springt. Die kontrastierenden Formen und Konturen verleihen dieser losen Gruppe von Gegenständen ihren Reiz.*

rechts *Die kahlen, eckigen Mauern bilden beim Aufeinandertreffen interessante Nischen für die Bepflanzung. Die Anordnung der kreisförmigen Palme und des Büschels bodendeckender Sukkulenten an der Ecke des gefliesten Wasserbeckens illustriert die Liebe zum Detail, die ein Merkmal des gesamten Gartens ist.*

Dies ist ein multikultureller Garten, in dem Objekte wie ein menschlicher Schädel und eine Schnecke auf einen Maori-Einfluss schließen lassen, wogegen andere Artefakte aus der Welt moderner Bildhauerei stammen. Der Kies- und Felsgarten spielt auf japanische Gärten an, wogegen die weißen, geometrischen Mauern der modernistischen Architektur des Westens entstammen.

Der Kies- und Felsgarten beginnt an einem modernen Stahltor und zieht sich auf ganzer Länge durch den Garten. Er ist spärlich mit Exotika wie Palmen, Kakteen, Agaven und einiger Sukkulenten bepflanzt. In Verbindung mit den großen, in Gruppen angeordneten oder allein stehenden Felsen erzeugen diese Pflanzen eine komplexe Umgebung von Strukturen und skulpturalen Formen.

Im gesamten Garten hat der Designer eine Reihe von Stillleben eingebaut. So spiegeln z.B. die Formen einer zeitgenössischen Skulptur die Blattformen einer Palme in der Nähe wieder. Auf der Terrasse bilden hohe Palmen, ein Felsbrocken und ein Büschel Ziergras eine weitere Vignette.

Die Funktion der in den Garten hineinreichenden Architektur ist es, diese Details zusammenzuhalten und den Garten zu strukturieren. Obwohl er sich in zwei Hauptbereiche aufteilen lässt – Terrasse und Felsgarten –, ist dieser Garten nicht regelmäßig angelegt: Die Bereiche gehen ineinander über. Der Felsgarten wird durch den Kanal von der Terrasse getrennt, was aber nicht verhindert, dass einige seiner Elemente bis ans Haus gelangen; Felsbrocken überqueren die Mauern, dringen in den Kanal ein und kommen auf der Terrasse zum Stehen. So wie sich die Architektur nach außen bewegt, kriechen die natürlichen Formen des Felsgartens nach innen.

Rod Barnetts Gartenanlage weist zwar strenge architektonische Formen auf, die ein wesentliches Element des Modernismus sind, ist jedoch nicht unpersönlich. An Böden und Mauern zeigen sich auch andere Einflüsse – für die Besitzer eine Möglichkeit, ihre persönliche Note beizusteuern. Ein moderner Garten, mit dem das Leben Spaß macht.

REFUGIUM IN NAPA VALLEY

BATTER KAY ASSOCIATES

Der Hofgarten – ganz normaler Bestandteil eines Stadthauses im alten Rom – wurde hier auf ein »Refugium« in Napa Valley (Kalifornien) zurechtgeschnitten. Der halb drinnen, halb im Freien liegende Garten wurde innerhalb der vier Hauswände angelegt, um die natürliche Schönheit der Umgebung nicht zu beeinträchtigen.

Wenn man sich einer der Längsseiten des Hauses nähert, sieht man so etwas wie ein Garagentor – doch wenn man es hochziehen würde, fände man kein Auto, sondern einen versteckten Hofgarten. Die Architekten dieses »Refugiums« haben sich eine Idee angeeignet, die auf die römische Zeit zurückgeht: Damals optimierte man in den schnell wachsenden Städten die Raumnutzung, indem man den Garten in das Hausinnere verlegte.

Es gab zwei Haupttypen von römischen Gärten: Große, offene Gärten wie der an der Hadrians-Villa in Tivoli und eingefriedete Gärten, wie man sie im städtischen Umfeld – z. B. in Pompeji – fand. Beim ersten Typ befand sich das Haus im Garten, beim zweiten war der Garten wie ein Zimmer ohne Dach vom Gebäude umgeben. Kleinere italienische Häuser, z. B. die in Rom und Pompeji wurden um ein Atrium herum gebaut – also einen Hof mit Boden und Dach, durch dessen Mittelloch Rauch entweichen konnte. Darunter befand sich ein Zierteich, in dem sich das Regenwasser sammelte. Hinter dem Atrium gab es noch einen zweiten eingefriedeten Raum, diesmal jedoch ganz ohne Dach. Er wurde als *hortus* bezeichnet und diente zunächst dem Gemüseanbau, entwickelte sich aber mit zunehmendem Wohlstand der Bevölkerung zum Lustgarten.

Der Garten war wesentlicher Bestandteil des Hauses. Ein nach oben offener Hof wurde auf allen vier Seiten von einem überdachten Säulengang (*portico*) umgeben. Die Säulen des *portico* waren oft durch eine niedrige Mauer miteinander verbunden. Von der Hofmitte, dem Springbrunnen, gingen in einem symmetrischen Strahlenmuster Wege zum *portico*. Der größte Teil des übrigen Gartens wurde von üppiger Bepflanzung eingenommen. Auf den

rechts *Ein Blick durch den Hofgarten in den Hauptwohnbereich. Die verzinkten Wellblech-Wände schimmern im reflektierten Licht und in den Farben des Himmels und der Bäume ringsum. Links lässt ein Blick durch ein garagenartiges Tor die unberührte Landschaft außerhalb des Hauses erkennen.*

unten *Der Grundriss lässt die ungewöhnliche, spitz zulaufende Form des Gebäudes erkennen. Der Hofgarten befindet sich unmittelbar rechts von dem Rechteck, das die Besucherzimmer darstellt (gestrichelte Linie).*

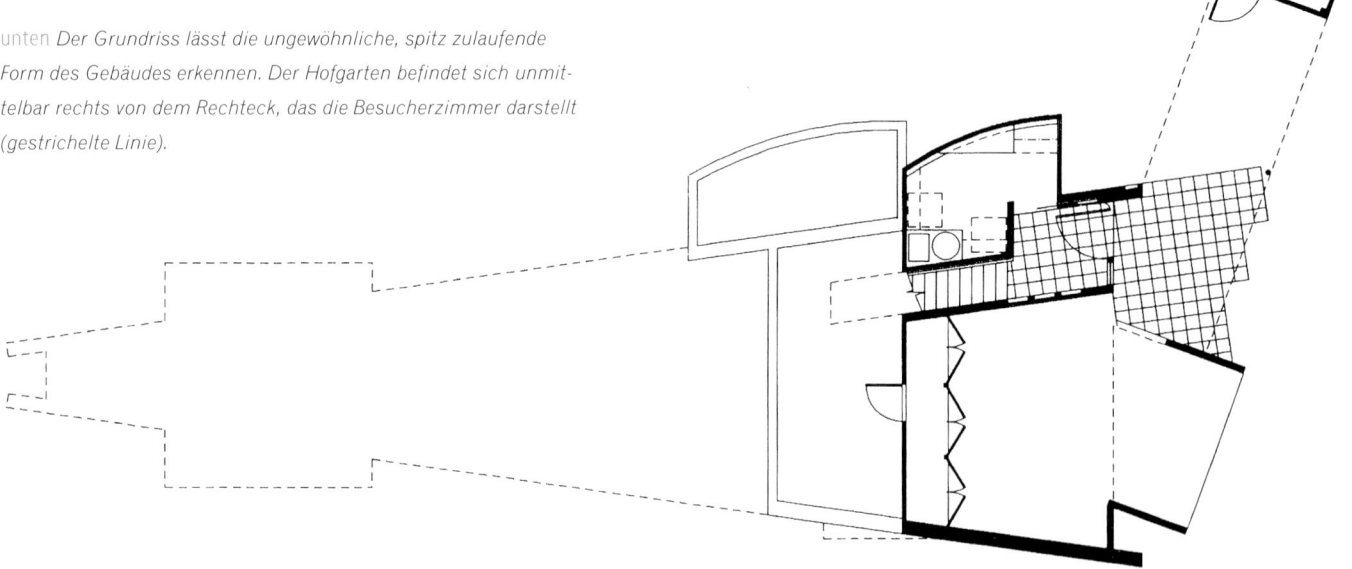

links Wie die alten Weinlagerschuppen, die über diesen Teil Zentral- und Westkaliforniens verstreut sind, liegt das Refugium unter Pinien verborgen. Die unkultivierte Bodenflora breitet sich ungehindert bis zu den Wänden des Gebäudes aus. Durch das geöffnete »Garagentor« erhascht man einen Blick auf den Hofgarten.

Garten hinaus gingen Räume wie die Bibliothek oder der Essraum, deren Außenwände oft mit Bildern ferner Landschaften bemalt waren, um den Raum größer wirken zu lassen. Der römische Hofgarten brachte Licht und Frischluft ins Haus und erleichterte die Bewegung zwischen den Räumen. In dem vom Haus umgebenen Garten war man zudem ungestört und sicher. Angesichts dieser Vorteile und der ökonomischen Raumnutzung überrascht es, dass das römische Konzept in der heutigen Hausarchitektur so wenig verbreitet ist.

Im Gegensatz zum römischen Peristyl-Garten, bei dem sich zu allen vier Seiten des Hofes Räume befanden, liegen die Zimmer dieses »Refugiums« nur auf zwei Seiten. Auf einer Seite befindet sich ein Paar großer Türen im Garagenstil, auf der anderen eine einzelne, die hochgezogen einen Rahmen für die zerklüftete, natürliche Landschaft mit ihren freiliegenden Felsbrocken und Bäumen rings um das Haus bildet. Daher sind die imaginären Landschaften, mit denen man die Wände der römischen Höfe bemalte, hier nicht erforderlich. Wenn die Türen geschlossen sind, ist der Hofgarten völlig abgeschlossen und gesichert; sind sie geöffnet, stellt er eine Verbindung zwischen innerer und äußerer Welt her, zwischen dem häuslichen Leben und der ungezähmten Wildnis jenseits davon. In der Tat ließ man Gras, Unkraut und die einheimischen Pflanzen der Umgebung wieder bis ans Haus heranwachsen; durch die Anlage des Gartens innerhalb der Hausgrenzen konnte die natürliche Umgebung draußen beinahe unberührt gelassen werden. Schließlich sollte das Refugium im Einklang mit der Natur stehen.

Der dachlose Hofgarten befindet sich zwischen dem Hauptbereich des Hauses und den Gästezimmern; Türen der anliegenden Zimmer gehen auf ihn hinaus und erlauben so den Zugang zu verschiedenen Räumen. Er ist gepflastert, doch für die Bepflanzung, z.B. niedrige Bäumchen, ließ man kleine Erdnischen. Wie beim römischen Vorbild gibt es sogar einen Springbrunnen in der Mitte. Die Wände des Gartens sind mit verzinktem Wellblech ausgekleidet. Die schimmernde Oberfläche dieses Materials macht den Garten noch heller, reflektiert die hohen Bäume der Umgebung und spricht auf die wechselnden Himmelsfarben an. Große vom Boden bis zur Decke reichende Fenster gehen auf den Garten hinaus und bilden seine übrigen »Wände«. Der Garten ist genau wie die römische Variante ein Treffpunkt und ein Raum im Freien.

Viele zeitgenössische Gartengestalter – vor allem John Brookes – haben die Idee eines Gartenraums entwickelt, worunter sie den Garten als Erweiterung des Hauses verstanden. Dieses Konzept wird hier umgedreht: Der abgeschlossene architektonische Raum wird einfach durch Weglassen des Daches zum Garten.

REFUGIUM EINES FOTOGRAFEN

NIALL McLAUGHLIN

Gebäude, die man am Rande eines Gartens findet – ein Schuppen, ein Gewächshaus oder eine Hütte –, haben eher keinen architektonischen Anspruch. Bei diesem Garten in Northamptonshire (England) hat Niall McLaughlin die Idee eines selbstgebauten Schuppens weitergedacht und ein Studio für einen Fotografen am Wasser errichtet.

Viele Arbeiten des Fotografen befassen sich mit dem Leben von Wasserinsekten; daher war es naheliegend, den »Schuppen« – wie sein Architekt ihn nennt – in Wassernähe zu errichten. Am äußersten Ende des Gartens lag ein von Unkraut und Brombeersträuchern zugewucherter Teich. Man reinigte ihn und erweckte ihn mit Hilfe von Sauerstoffanreicherung, Ufer- und Sumpfpflanzen sowie Fischen zu neuem Leben.

Das Studio wurde am Ufer errichtet und reicht an einer Seite darüber hinaus. Es ist nicht nur ein Versteck für den Naturfotografen, sondern zudem ein friedlicher Ort, an den sich die Familie zurückziehen kann. Mit Schlafräumen und Sauna ist es wie ein zweites Heim am Rande des Gartens.

Sitzt man hier inmitten der Uferpflanzen, dann erlebt man sowohl den Teich als auch den Garten in Nahaufnahme. Im Gegensatz zum Wintergarten, der per definitionem ein Hausanbau ist, wurde das Studio vom Wohnhaus des Fotografen abgekoppelt und stattdessen mit der Landschaft verbunden. Man sieht den Garten hier von innen, nicht aus der Entfernung. In dieser Hinsicht hat der »Schuppen« viel mit Teehäusern und Pavillons gemein, die während des 19. Jhs. gern angelegt wurden. Sie boten Schutz und Behaglichkeit, so dass man den Garten bei jedem Wetter auch an einem Ort außerhalb des Hauses nutzen konnte. Dabei handelte es sich oft um extravagante, eklektische Bauten, die wenig Ähnlichkeit mit dem Haus hatten.

Dieser Bau ist ebenso unkonventionell. Es wurden keine detaillierten Konstruktionszeichnungen angefertigt; es gab einfach nur ein Modell und eine Collage optischer Einfälle. So verwendete man z.B. gerieft, mit Beton gefüllte Ölfässer als Trittsteine im Teich. Dieser etwas klapprige Touch trägt dazu bei, das Studio in

oben *Durch das Fenster blickt man direkt auf den Teich und die Uferbepflanzung aus Goldkolben und panaschierten Blättern. In der Mitte befindet sich ein improvisierter Trittstein, rechts ein Deck, an dem ein Boot anlegen kann.*

rechts *Links befindet sich der Haupteingang. Man erreicht ihn über einen unebenen Weg, der sich durch Knöterich, Goldkolben und Binsen schlängelt. Die Dachfenster in der Mitte werden von perforierten Metallhauben abgedeckt. Ganz rechts liegt die Sauna.*

seine ländliche Umgebung zu integrieren – genau wie die Anregung zu diesem ungewöhnlichen Bau: Während des Zweiten Weltkriegs diente das umliegende Ackerland als Basis für die amerikanische Luftaufklärung. Schwarze B-24-Bomber starteten von hier aus in geheimer Mission, und einer von ihnen wurde demontiert und nahe beim Teich vergraben. Der gezeichnete Entwurf des Studios erinnert stark an ein zerstörtes Flugzeug, das hier am Teich für immer gelandet ist. Der cockpitartige Dachaufbau wirkt wie eine gläserne Laterne, die weiches, zum Fotografieren geeignetes Licht in das Studio fallen lässt.

Die flügelartigen Dachsegmente können sich im Wind bewegen, eine nützliche Vorrichtung, da es in dieser Region oft sehr windig ist. Die Fähigkeit zur Reaktion auf die Naturkräfte bindet das Studio noch enger in seine Umgebung ein. Für das Dach verwendete man eine höchst experimentelle Kombination aus Glasfaser, Sperrholz und Metall. Es ist mit Hilfe von Stahlstangen, die die flachen Platten elegant nach unten biegen, im Boden verankert.

Man mag darüber streiten, ob das Gebäude nun wie ein altes Kriegsflugzeug oder wie ein Insekt aussieht, das über dem Teich schwebt. Sicher ist jedoch, dass es zu seinem Standort passt. Es zeigt, dass auch ein bescheidenes Stück Architektur sowohl ästhetisch als auch praktisch zum Garten beitragen kann.

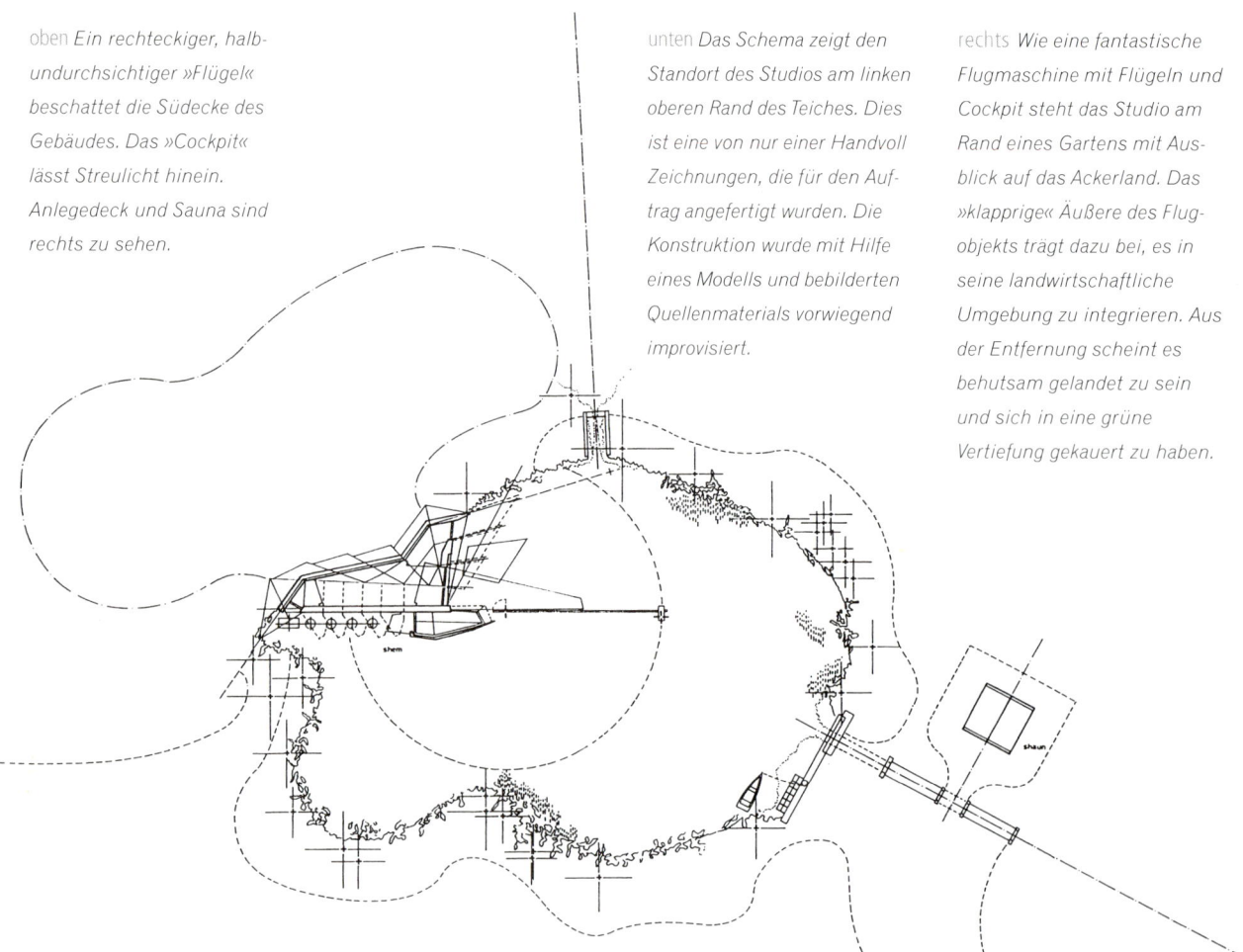

oben *Ein rechteckiger, halbundurchsichtiger »Flügel« beschattet die Südecke des Gebäudes. Das »Cockpit« lässt Streulicht hinein. Anlegedeck und Sauna sind rechts zu sehen.*

unten *Das Schema zeigt den Standort des Studios am linken oberen Rand des Teiches. Dies ist eine von nur einer Handvoll Zeichnungen, die für den Auftrag angefertigt wurden. Die Konstruktion wurde mit Hilfe eines Modells und bebilderten Quellenmaterials vorwiegend improvisiert.*

rechts *Wie eine fantastische Flugmaschine mit Flügeln und Cockpit steht das Studio am Rand eines Gartens mit Ausblick auf das Ackerland. Das »klapprige« Äußere des Flugobjekts trägt dazu bei, es in seine landwirtschaftliche Umgebung zu integrieren. Aus der Entfernung scheint es behutsam gelandet zu sein und sich in eine grüne Vertiefung gekauert zu haben.*

REFUGIUM EINES FOTOGRAFEN   137

VERGNÜGEN OHNE WARTEZEIT

VERGNÜGEN OHNE WARTEZEIT

Neue Technologien verändern unser Leben ständig, und dies in immer schnellerem Tempo. Geschwindigkeit hält man heute für unabdingbar – sei es beim Essen, bei der Kommunikation oder bei Fernreisen, und die Vorstellung »sofort« verfügbarer Produkte und Dienstleistungen bringt auch den »Wegwerfartikel« mit sich. In den 60er-Jahren wurde Papier zur Herstellung von Einwegkleidung entwickelt. In vielen Bereichen trugen Designer zum Sieg des Vergänglichen und zur Akzeptanz des »eingebauten« Verschleißes bei. Das beste Beispiel für diese neue Designorientierung war der aufblasbare Stuhl (ebenfalls aus den 60er-Jahren). Bei Bedarf pumpte man ihn auf, und wenn er nicht mehr gebraucht wurde, ließ man die Luft heraus und verstaute ihn.

Unmittelbare Verfügbarkeit, Einwegverwendung und ständiger Wechsel werden heute zwar mit den meisten zeitgenössischen Designbereichen assoziiert, waren bis vor kurzem jedoch für den Garten ohne Bedeutung. Diesen stellte man sich in erster Linie als einen Ort mit Pflanzen vor, die bestimmten, wie viel Zeit für seine Anlage erforderlich war. In Verbindung mit der Neigung, sich von der Vergangenheit inspirieren zu lassen, bedeutete dies, dass man nicht auf Geschwindigkeit aus war – eine Einstellung, die die Verwendung natürlicher Materialien wie Holz und Stein, die im Laufe der Alterung des Gartens stark verwittern, lange gefördert hat. Sogar die Designer modernistischer Gärten im Amerika der 30er- und 50er-Jahre verwendeten Bauverfahren und Pflanztechniken, die eher auf langfristige als auf unmittelbare Lösungen ausgerichtet waren.

Im 18. Jh., als Launcelot »Capability« Brown in England große Landschaftsgärten anlegte, war dieses Vorgehen durchaus angebracht. Seine Kunden waren neue, wohlhabende Grundeigentümer, die Familiensitze gründeten und gern in Gärten investierten, die erst die folgenden Generationen richtig genießen konnten. Erst dann nämlich waren hunderte von Brown gepflanzter Bäume ausgewachsen, die die gewünschte Wirkung erzielen sollten.

Der heutige Hausbesitzer führt ein ganz anderes Leben. Das Privathaus ist kleiner und mit ihm der Garten, aber noch wichtiger ist, dass nur wenige Familienhäuser an die Folgegeneration weitergegeben werden. Viele Menschen bevorzugen eine flexible

links *Die spleenigen aufblasbaren Möbel der 60er-Jahre waren fröhlich, bequem und praktisch. Wenn man sie nicht brauchte, konnte man die Luft herauslassen und sie verstauen. Daher eigneten sie sich besonders für provisorische Unterkünfte.*

Mietwohnung. Wollen sie nun aber einen Garten anlegen, eignet sich der konventionelle, auf Dauer angelegte Garten eindeutig nicht. Dieser immer mobilere Lebensstil liefert einen guten Grund für den eher kurzfristig angelegten Garten – doch bedarf es überhaupt einer Rechtfertigung für die Gestaltung eines Gartens, der bereits am Tag seiner Fertigstellung möglichst gut aussieht?

Warum sollte man anstelle umständlicher, zeitraubender und arbeitsintensiver Materialien und Verfahren nicht auf leichte, vorgefertigte und schnell montierbare Alternativen zurückgreifen? In Verbindung mit Topfpflanzen lässt sich ein Garten dann nicht nur innerhalb von Tagen, sondern von Stunden anlegen. Warum sollten Sie den Garten nicht transportabel gestalten, wenn Ihr Aufenthalt von kurzer Dauer sein wird, damit Sie ihn beim Umzug zusammen mit Ihrem übrigen Besitz mitnehmen können? Glücklicherweise gibt es heute Gartendesigner, die sich von solchen Überlegungen inspirieren lassen.

Diese neue Denkweise wurde in gewissem Maße von der Arbeit einiger bildender Künstler unserer Zeit angeregt. Sie sprengten bereits in den 60er-Jahren die Grenzen der Skulptur, um temporäre Kunstwerke in natürlicher Umgebung zu erschaffen. Diese Installationen im Freien zeigen, wie der Charakter einer Landschaft durch Ergänzungen verändert werden kann, die oft schnell und einfach vorgenommen sind. So hat die amerikanische Künstlerin Mara Adamitz Scrupe in »Rococo Wood« eine kleine, zugewachsene, vernachlässigte Ecke in einer bewaldeten Landschaft neu definiert, indem sie sonnenenergie-betriebene Kronleuchter in

links »The Moving Garden« (1999) wurde von Peter Kukorelli, einem Studenten des Londoner Royal College of Art, entworfen und soll zur Steigerung des Wohlbefindens in öffentlichen Verkehrsmitteln beitragen. Das clevere Design kombiniert Straßenbahn und Garten und sieht Pflanzen auf dem Dach und Gras auf den Stufen vor. Vermutlich könnte man einen normalen Wohnwagen oder Campingbus umbauen, um darin einen ähnlich transportablen Garten unterzubringen.

links *Die Schöpfer dieser Installation auf dem Festival International des Jardins bei Chaumont-sur-Loire vergrößerten den scheinbaren Umfang des Gartens vorübergehend durch den geschickten Einsatz von Spiegeln. Diese reflektieren und erweitern nicht nur die angepflanzten Kornblumen und gestutzten Zwerghecken, inmitten derer sie stehen, sondern spiegeln auch die dahinter liegende Landschaft und integrieren sie so in den Garten.*

rechts *Dieses Kunstwerk von Mara Adamitz Scrupe besteht aus Kronleuchtern, die in geschlossenen Acrylkästen an Bäumen hängen. Am frühen Abend werden sie drei Stunden lang durch ein von der Designerin entworfenes Sonnenenergie-System erleuchtet. Sie sollen den Innenraum ins Freie projizieren und sind ein Beispiel für den Beitrag der Künstlerin zum Gartenkonzept – eine zwar temporäre, aber effektvolle Installation.*

wetterfesten, durchsichtigen Acrylkästen aufhängte. Diese eleganten, dekorativen Laternen aus einer vergangenen Epoche lassen sofort an einen Ort voller Geheimnisse denken.

Die amerikanische Künstlerin und Landschaftsarchitektin Martha Schwartz hat früher als die meisten anderen auf Entwicklungen in der bildenden Kunst reagiert. Aufgrund ihrer Arbeiten, die in vielen Fällen der environmentalen Kunst näherstehen als dem Landschaftsdesign, wurde sie mehrfach eingeladen, um temporäre »Installationen« zu gestalten. Am Word Financial Center in New York legte sie im Rahmen einer Veranstaltung mit Namen »New urban Lanscape« kurzfristig den temporären »Turf Parterre«-Garten an. Dieser französische Garten imitierte die Anordnung der quadratischen Fenster des Gebäudes; um ihr Muster widerzuspiegeln, schnitt man Quadrate aus dem Rasen am Fuße des Gebäudes. Zudem wurde der französische Garten an der Fassade des hohen Baus fortgesetzt, wo Astroturf-Quadrate an die Stelle des echten Rasens traten. Die Bereitschaft zur Interdisziplinarität ist ein typisches Merkmal der New-Tech-Gartendesigner. Dies hat Schwarz auch den Auftrag eingebracht, einen neuartigen Landschaftsgarten anzulegen, in dem bereits eine Vielzahl von

Veranstaltungen stattgefunden haben – vom World Cup bis hin zur Hochzeit mit Familie. Die meisten Gartengestalter bekommen im Rahmen von Blumen- oder Gartenschauen, die immer rasch angelegt und wieder abgebaut werden, die Gelegenheit, einen »Instant«-Garten zu kreieren. Auf der Londoner Chelsea Flower Show geht es vor allem um gartenbauliche Zauberei; hier werden in Wochen Gärten erschaffen, die seit langem zu bestehen scheinen. Beim Festival International des Jardins in Chaumont-sur-Loire in Frankreich und der Londoner Hampton Court Flower Show legt man dagegen mehr Wert auf Innovation und Experiment. Aber die Schöpfer solcher Gärten waren nicht die ersten »Instant-Gärtner«: Einen historischen Präzedenzfall schuf Ludwig XIV. im späten 17. Jh. mit seinem großartigen Garten von Le Grand Trianon bei Versailles. In einem für die Gartenbaugeschichte entscheidenden Moment widerstand er den jahreszeitlich bedingten Einschränkungen: Blumen wurden aus dem Gewächshaus geholt und an einigen der kältesten Tage des Jahres vorübergehend im Freien eingepflanzt – oft zur Mittagszeit, damit der König seinen Gästen an einem Nachmittag mitten im Winter einen Sommergarten zeigen konnte.

DER MOBILE GEMÜSEGARTEN

PATRICK NADEAU, VINCENT DUPONT-ROUGIER & JOELLE ALEXANDRE

Dieser transportable und schnell aufgebaute Garten ist eine gute Lösung, wenn ein auf Dauer angelegter nicht in Frage kommt. Er vereint Elemente aus Wissenschaft und Kunst und wurde für das Festival International des Jardins in Chaumont-sur-Loire in Frankreich entworfen.

unten *Weiße Auberginen blühen auf dem erhöhten Deck des »reisenden Gemüsegartens«. Sie sind nicht in Erde, sondern in Mineralwolle eingepflanzt – ein inaktives, faseriges Wachstumsmedium – und werden durch ein hydroponisches System bewässert.*

Viele Leute haben, um mobil zu bleiben, eine Mietwohnung und verspüren – auch wenn sie die Zeit dazu hätten – kaum die Neigung, an ihrer temporären Adresse in irgendein bleibendes Element wie einen auf Dauer angelegten Garten zu investieren. Außerdem eignen sich Mietwohnungen – sei es eine Erdgeschosswohnung mit betoniertem Hinterhof oder auch ein Penthouse mit einer Dachterrasse – oft nur für einen kurzfristigen Garten mit Pflanzkübeln. Der Bedarf an speziell angefertigten, transportablen Gärten ist offenkundig.

Dekorative Sträucher und krautartige Pflanzen können das Erscheinungsbild eines Hinterhofs, einer Dachterrasse oder eines kleinen Gartens verbessern, aber auch an Orten mit weniger Platz lässt sich mit Pflanzbehältern ein transportabler Gemüsegarten aufbauen. Da er Nahrung liefert, kann man damit sogar Geld sparen. Er ist leicht zu pflegen, liefert Nahrung und hat zudem den Vorteil, dass viele Gemüsearten dekorativ sind.

»Der mobile Gemüsegarten« adaptiert die Idee des Anbaus in Pflanzbehältern für den Gartenbau. Stützen für die Pflanzen, Zerstäuber, Wasserkreislauf und Schutzwände gegen schlechtes Wetter wurden sämtlich speziell für diesen Garten konstruiert, der ein eingebautes Bewässerungssystem besitzt. Das Wasser wird in einer unter dem mittleren Boden aufgehängten Plane wieder aufgefangen und gegebenenfalls mit Nährstoffen angereichert. Dann wird es hochgesaugt und in den Versorgungskreislauf zurückgepumpt.

Wenn er »außer Betrieb« ist, gleicht der Garten einem großen Würfel aus rostfreiem Stahl auf einem einfachen Fahrwerk. Die vier Wände dieses Würfels erweisen sich beim Öffnen als vier Holzdecks mit den verschiedenen Gartenbereichen. Ein Deck bildet beim Herunterziehen aus der vertikalen, geschlossenen Position in die Horizontale ein mit Gelenken versehenes Gewächshaus aus durchsichtiger Plastikfolie. Ein anderes Deck besitzt ein ausziehbares Spalier, und auf einem dritten befinden sich Zeilen aus Mineralwolle unter einer Teilüberdachung. Die auf diesen drei

rechts *Sind die Seiten vollständig ausgeklappt, bietet der Garten drei Decks, die speziell konstruiert wurden, um das Wachstum einer Vielzahl von Früchten, Gemüsen und Kräutern oberhalb des Erdbodens zu fördern. Im Vordergrund gedeiht Blattsalat, durch Porzellanfliesen vor Unkraut geschützt. Links befindet sich ein leichtes, zusammenklappbares Gewächshaus.*

Decks angepflanzten Gemüsesorten, Früchte und Kräuter gedeihen dank eines hydroponischen Systems, eines Anbauverfahrens ohne Erde, bei dem die Pflanzen in Mineralwolle gesetzt werden, durch die man eine Lösung aus Wasser und anorganischen Nährsalzen pumpt. Salate und Basilikum wachsen in flachen Mulden aus Mineralwolle, die zum Schutz vor Unkrautbefall mit Porzellanfliesen abgedeckt sind. Auberginen reifen unter dem Plastikdach, Tomaten auf der Plattform mit den Spalieren. Das vierte Deck schließlich dient als Terrasse.

Dieser Garten ist zwar kein echter »Fertig-Garten«, denn das Gemüse muss gepflanzt werden und braucht seine Zeit zum Wachsen, aber der Aufbau der drei Decks nimmt nur wenige Stunden in Anspruch. Am Ende der Saison kann man den ganzen Garten wieder zum Würfel zusammenklappen und wegfahren. Da er mit neuen Technologien funktioniert und keine Erde benötigt, kann er überall dort aufgestellt werden, wo ausreichend Platz ist. Es gibt noch weitere Vorteile: Da sich die Pflanzen über dem Boden befinden, werden sie nicht von Schädlingen befallen, und es gibt keine Probleme mit Krankheitserregern in der Erde. Zudem muss man sich bei der »Gartenarbeit« nicht bücken.

Dieser Garten ist Teil eines größeren Forschungsprogramms zur erdfreien Kultivierung von Pflanzen, das seine Designer durchführen. Seine Technologie könnte den Stadtgarten der Zukunft prägen und dürregeplagten Ländern der Dritten Welt nachhaltig helfen.

oben *Diese Farbskizze zeigt das einfache, aber effiziente Design des fahrbaren Gartens. Von einem Würfel in der Mitte werden vier Decks heruntergeklappt. Drei davon bilden einen Gemüsegarten, während das vierte samt Liegestuhl und einer schützenden, Schatten spendenden Überdachung als Ort zur Entspannung gedacht ist.*

rechts *In der Nacht sieht der Garten ein wenig wie eine Mondlandefähre aus. Seine vollständig ausgeklappten Decks und den Sitzbereich tragen einziehbare Kabel und Stangen, die an vier Mittelsäulen befestigt sind. Ausziehbare Markisen spenden tagsüber Schatten.*

GROWING VISION

BONITA BULAITIS, JULIA FOGG & SUSAN SANTER

Dieser fantasievolle Garten mit seinen ungewöhnlichen Materialien und ebenso unorthodoxen Konstruktionsmethoden könnte die ideale Lösung für junge Leute sein, die ihre Wohnung um einen Lebensraum im Freien bereichern möchten, aber zu wenig Zeit oder Geld haben, um einen traditionellen, dauerhaften Garten anzulegen.

Der von einem jungen Team entworfene und aufgebaute Garten wurde für die Londoner Hampton Court Flower Show von 1995 angelegt. Es gab damals Besucher, die ihn fürchterlich fanden, und die am Gartenbau Interessierten betrachteten ihn als Angriff auf den traditionellen Zweck und Charakter eines Gartens.

Hauptgrund dafür war, dass dieser Garten nicht in erster Linie Pflanzen gewidmet war und nur wenig Bereiche für eine Bepflanzung vorsah. Außerdem erinnerten die verwendeten Materialien eher an eine Baustelle als an einen Garten. Ein ähnlicher Einwand richtete sich gegen die Konstruktionsweise: Die scheinbar zufällige Art des Aufbaus ließ auf einen Mangel an handwerklichem Können und Solidität schließen, der für die meisten Traditionalisten dem Ethos eines Gartens widersprach. Obwohl alle Gärten bei Blumenschauen und Gartenausstellungen kurzfristig angelegt werden, sollen sie den entgegengesetzten Eindruck vermitteln. Reife Pflanzen, stabile Mauern und dickes Steinpflaster wirken zusammen, um den Eindruck zu vermitteln, als wären die Gärten schon immer da gewesen. Ambitionierte Steingärten und Wasserfälle, die präsentiert werden, als wären sie Teil einer unberührten Landschaft, sind weitere Elemente dieser Taschenspielerei. Einer der Hauptvorteile von »Growing Vision« ist, dass er leicht abgebaut und wiederverwendet werden kann.

Das bezeichnendste Merkmal dieses Gartens ist auch das provokanteste. Den mittleren Bereich nimmt ein Gerüst aus Stahlrohren ein, die nicht dauerhaft miteinander verbunden sind, sondern nur von Gerüstschellen gehalten werden. Die Konstruktion besteht nur aus Gerüstrohren in Standardlänge; keines wurde zwecks Anpassung an das Rahmendesign gekürzt, um die Gerüstfirma nicht zu verärgern.

Hauptzweck dieses Stahlrohrgerüsts ist ein ungewöhnlicher, erhöhter Bereich zum Sitzen und Sonnenbaden. Hoch oben kann man nicht von den Leuten in den Nachbargärten gesehen werden und liegt oberhalb des unerwünschten Schattens der Bäume. Die Bauweise ist sehr einfach und erinnert im Stil ein wenig an die Innenarchitektur der Habitat-Geschäfte von Terence Conran in den frühen 70er-Jahren. Deren Kennzeichen waren funktionales Design und eine Vorliebe für ungemusterte Flächen.

Der Zugang zum oberen Bereich der Konstruktion erfolgt wie auf einer Baustelle über eine normale Leiter. Der Boden hier besteht nur aus acht Holzbrettern, die auf dem Stahlgerüst liegen, und ein schlichtes Geländer ist Teil des Gerüsts. Was diese einfache Plattform so attraktiv macht, sind die bunten Sofakissen und Sitzsäcke, in die man sich an einem sonnigen Tag gerne fallen lässt. Die Kissen bestehen aus einem modernen, synthetischen, wetterfesten und wasserundurchlässigen Stoff und können wie die Knautschsessel im Freien bleiben, ohne Schaden zu nehmen. Stofftücher hängen vom Gerüst herab und sind am Boden befestigt. Sie geben der ausgesprochen linearen Form etwas Volumen und können als vorübergehender Sichtschutz oder Schattenspender nach Wunsch befestigt werden. Wie die Kissen verleihen sie dem Garten Farbe und einen bühnenhaften Touch.

Die Glaswand im hinteren Bereich des Gartens ist ein eher beständiges Element. Sie besteht aus im Verbund gelegten Glasziegeln. Der Entwicklung des Glasziegels folgte sein häufiger Einsatz in der modernistischen Architektur des 20. Jhs.; durch seine modulare Form, den diagrammpapierartigen Effekt bei Verwendung größerer Mengen davon sowie seine Verwendungsmöglichkeit für gerade und gekrümmte Mauern wurden Architekten

unten *Eine ungewöhnliche Sonnenterrasse, bestehend aus einem Baugerüst und einem einfachen Deck aus Holzbrettern, das man über eine Leiter erreicht. Ein Ort, der mit seinen farbigen Kissen und Knautschsesseln wahrscheinlich eher der jüngeren Generation zusagt.*

angesprochen, die auf der Suche nach einem geometrischen, weniger dekorativen Stil waren. Auch für High-Tech-Designer wurde er zu einem nützlichen Element.

Die Glasziegel bilden eine freitragende Mauer, die zwar Licht durchlässt, aber zugleich für Privatsphäre sorgt, da man kaum hindurchblicken kann. Im Innenbereich des Gartens hat eine durchscheinende Glaswand noch einen weiteren Vorteil: Da sie das Licht nicht abfängt, verhindert sie, dass die Rabatten an Nordmauern im Schatten liegen. Die reflektierende Oberfläche ist zudem optisch reizvoll, da sich ihr Aussehen in Abhängigkeit vom Stand der Sonne dauernd ändert.

Neben kleinen Betonfliesen und Kies wurden dieselben Glasziegel auch rein dekorativ für den Boden verwendet. All dies sind harte Oberflächen, die – neben den Bodendeckern in einzelnen Kieslücken – den vertrauten Rasen vollständig ersetzen. Viele der Bodendecker sind widerstandsfähig genug, um gelegentliches Darauftreten aushalten. Daher kann der gesamte Garten für Freizeitbetätigungen genutzt werden. Für jeden, der sich aus Kostengründen für diesen Garten interessiert, könnte auch der Umstand wichtig sein, dass kein Rasenmäher erforderlich ist.

Das lockere, improvisierte Erscheinungsbild des Gartens und seine ungezwungene Ausstattung erinnern an Studentenwohnheime. Selbst die über den Garten verstreuten Pflanzgefäße sind nur wiederverwertete, rostfreie Blecheimer. Die Designer haben Ideen, die man mit der Einrichtung einer ersten eigenen Wohnung fern vom Elternhaus verbindet, auf den Garten übertragen. Die wichtigsten Entscheidungen des Entwurfs waren daher von dem Ziel bestimmt, sowohl Beweglichkeit als auch schnelle Ergebnisse zu erreichen. Da sich ein Großteil der Pflanzen in tragbaren Pflanzgefäßen befindet, kann der Garten schnell und leicht aufgebaut werden.

Typisch für die großen Gärten der Geschichte waren handgefertigte Lauben aus Holz, zusammen mit speziell zurechtgehauenen Steineinfassungen für Terrassen und Zierteiche. Selbst die berühmten modernen Gärten des 20. Jhs. erforderten einen beträchtlichen Aufwand an Zeit und Geld für hochwertige Materialien. Vielen Menschen mit vorübergehendem Wohnsitz fehlt es jedoch an Zeit, Geld oder auch Platz, um in einen dauerhaften, nach genauen Vorgaben angelegten Garten zu investieren. Die preiswerte, selbstgebaute und nur temporäre Lösung, die die drei Designer hier vorstellen, passt besser zu ihrem Lebensstil. Doch obwohl dieser Garten in erster Linie für die jüngere Generation entworfen wurde, eignet er sich für jeden, der sich einen ungewöhnlichen Garten wünscht, um sich darin zu entspannen.

unten Auf der Bodenfläche des Gartens legten die Designer einen Bereich mit unterschiedlich strukturierten Materialien an. Betonfliesen wurden mit fantasievoll eingesetzten Glasziegeln kombiniert. Die harte Oberfläche wird im gekiesten Bereich von Bodendeckern aufgelockert.

rechts Blaue Segel hängen vom Gerüst herab und verleihen der spärlichen, linearen Gestalt Substanz. Sie dienen auch als Schattenspender und Sichtblenden für das »Erdgeschoss« des Gartens. Die Mauer aus Glasziegeln im Hintergrund ist ein effektiver Sichtschutz, der zwar eine Abgrenzung bildet, aber keinen Schatten wirft.

EIN HOCHZEITSGARTEN

MARTHA SCHWARTZ

Eine der einflussreichsten und umstrittensten amerikanischen Landschaftsarchitektinnen hat einen Garten für die Hochzeit zweier leidenschaftlicher Gärtner gestaltet. Dieses Beispiel für einen kurzfristig und provisorisch angelegten Gartens passt nicht nur zum Anlass, sondern ist auch ein bezauberndes Stück Landschaftsgärtnerei.

Martha Schwartz studierte an der University of Michigan und der Harvard Graduate School of Design Kunst und Landschaftsarchitektur. In ihren vielen Auftragsarbeiten kombiniert sie den einfallsreichen Einsatz neuer und ungewöhnlicher Materialien mit oft ironisch-witzigen optischen Einfällen. Eine große Hochzeit gab ihr die Gelegenheit, nach Lust und Laune zu experimentieren.

Die Littmans sollten auf ihrem Familiensitz bei Deal an der Küste von New Jersey die Hochzeit ihres Sohnes ausrichten. Schwartz war bereits dabei, den dortigen Garten umzugestalten, und ihr unmittelbares Ziel war nun, den bereits teilweise aufgelösten Garten für den großen Anlass herzurichten. Aufgrund dieses Übergangszustands hatte ihr Team für die Anlage eines temporären Gartens freie Hand und konnte sogar Gras und betonierte Flächen einfärben, da all dies später entfernt werden sollte. Da sowohl die Braut als auch der Bräutigam Gartenarbeit liebten, wurde diese zum Thema ihres »Hochzeitsgartens«. Astroturf und Blumentöpfe gehörten zu den Grundelementen, doch der wichtigste Kunstgriff bei der Umgestaltung dieses großen Gartens war die Verwendung von Farbe zur kurzfristigen Abdeckung des Bodens.

Die Anlage entsprach dem geplanten Verlauf des Hochzeitstags: Passend zu bestimmten Etappen – vom Umzug über die ebenfalls im Freien abgehaltene Hochzeitsfeier bis hin zu Empfang und Bankett – wurden einzelne Bereiche entworfen. Die Ankommenden wurden eingeladen, im Sonnenblumenhain zu flanieren und

unten *Der Plan zeigt, wie man den Garten für die einzelnen Abschnitte der Hochzeit aufteilte. Der Laufgang am unteren Ende führt zum Zelt, in dem die Zeremonie stattfand. Oben links liegt das in einen Empfangsbereich umfunktionierte Schwimmbecken, oben rechts das Bankettzelt mit dem Sonnenblumenhain direkt darunter.*

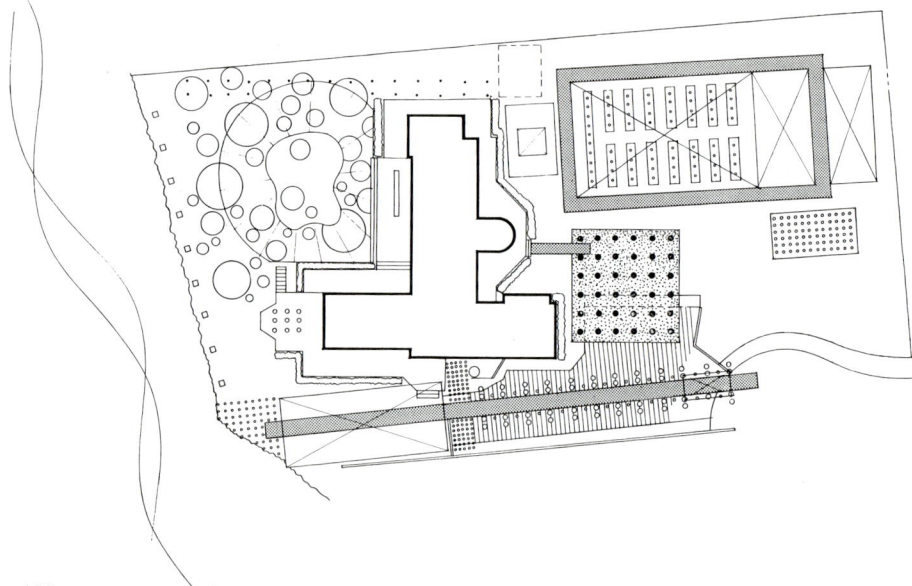

rechts *Im Sonnenblumenhain sollten die Gäste nach ihrer Ankunft und in den Pausen flanieren und einander treffen. Ein Bereich aus Beton, Kies und Rasen wurde hier einfach eingefärbt und bildet eine abgegrenzte, rechteckige Fläche. Kübel mit gebündelten Sonnenblumen in Reihen erzeugen ein System sich kreuzender Wege und vermitteln so das Gartenmotiv auf geistreiche Weise.*

EIN HOCHZEITSGARTEN 153

links Einfallsreiche Verwendung leerer Blumentöpfe: Ihre Innenfläche wurde leuchtend blau bemalt und spiegelt so das vom Garten aus sichtbare Meer. Diese Töpfe dienten quasi als Ehrengarde dazu, das Brautpaar zum Abschluss des Hochzeitszuges in ordentlichen Reihen am Zelt willkommen zu heißen, wo die Hochzeitszeremonie abgehalten werden sollte.

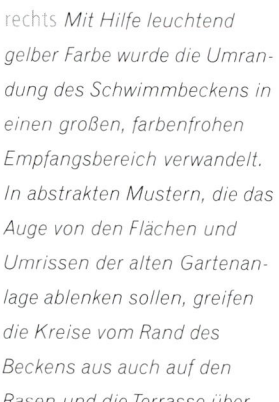

rechts Mit Hilfe leuchtend gelber Farbe wurde die Umrandung des Schwimmbeckens in einen großen, farbenfrohen Empfangsbereich verwandelt. In abstrakten Mustern, die das Auge von den Flächen und Umrissen der alten Gartenanlage ablenken sollen, greifen die Kreise vom Rand des Beckens aus auch auf den Rasen und die Terrasse über.

sich dort unter die anderen Gäste zu mischen. Hier hatte man eine 12 Quadratmeter große Kies-, Beton- und Rasenfläche des alten Gartens mit Hilfe von violett-rosa Farbe einheitlich gestaltet und in sauberen Reihen 36 Töpfe mit 1,5 Meter hohen, senkrecht befestigten Sonnenblumenbündeln aufgestellt.

Am »Langen Weg« daneben begann die Zeremonie: Der Hochzeitszug schritt über einen 45 Meter langen, beidseitig von 60 2,4 Meter hohen Nadelbäumen gesäumten Teppich aus Astroturf und passierte zum Abschluss in regelmäßigen Reihen angeordnete, leere Blumentöpfe, deren blau gestrichene Innenfläche den dahinter liegenden Ozean spiegeln sollte. Die Zeremonie fand in einem einfachen weißen Zelt mit Blick auf den Ozean im Hintergrund statt. Für den Empfangsbereich lockerte man die betonierte Umrandung des Schwimmbeckens mit abstrakten Mustern aus leuchtend gelben Kreisen auf, die sich vielfach auch auf den angrenzenden Rasen und die Terrasse ausbreiteten. Selbst im Bankettzelt wurde das Gartenmotiv aufgegriffen – anhand weiß gedeckter Tische innerhalb einer gepflegten Reihe orangener Bäume mit

ballförmig gestutztem Laubwerk. Jeder dieser Bäume war in einen durchsichtigen Acrylzylinder eingetopft, damit man seine Wurzeln sehen konnte.

Dieser ausgefallene, extravagante Garten sollte zur Partyatmosphäre beitragen, aber die Idee, eine Fläche auf die Schnelle provisorisch umzugestalten, kann auch andernorts angewandt werden. Der abweisende betonierte Hinterhof eines Mietshauses kann mit Hilfe leuchtend bunter Farbe, echter oder auch künstlicher Topfpflanzen und Astroturf oder anderen synthetischen Bodenbelägen schnell umgestaltet werden, was besonders praktisch ist, wenn man nur vorübergehend dort wohnt. Farben auf Wasserbasis decken die meisten Oberflächen, aber für die eher temporäre Verwendung empfiehlt sich abwaschbare Theater-Bodenfarbe.

Traditionellerweise ist ein Garten ein langfristiges Projekt, das die Schwierigkeiten des Geländes meistern und den Bedürfnissen seiner Benutzer entsprechen soll. Im Littman-Hochzeitsgarten hat Martha Schwartz jedoch gezeigt, dass er zugleich provisorisch und effektvoll sein kann.

DER WEICHE GARTEN

DER WEICHE GARTEN

In Architektur und Design werden heute nicht nur scharfkantige Präzisionsmaterialien verwendet. Die Fortschritte der chemischen Industrie haben zur Entwicklung von thermoplastischen Stoffen geführt, die auf organische Weise beliebig geformt werden können. Neue Synthetikfasern haben zum kühnen Einsatz »weicher Materialien« ermutigt. Aufblasbare Gebäude und zeltartige Überdachungen gehören heute zum Alltag, und viele der neuen Stoffe haben auch bereits in Landschaftarchitektur und Gartenbau eine diskrete Rolle gespielt. Sogenannte »Geo-Textilien« wurden zur Stabilisierung des Bodens und gegen Unkrautbefall eingesetzt.

Mit »weichen Einrichtungsgegenständen« sind in der Regel Teppiche und Vorhänge gemeint, doch in den 60er-Jahren entstanden auch »weiche« Möbel. In den Jahren nach dem Zweiten Weltkrieg wurden die strengen, funktionellen Möbel der Kriegszeit allmählich aufgegeben, und der zunehmende Wohlstand der 50er-Jahre erlaubte ein luxuriöseres Design. Vor allem Stühle wurden nun bequemer, wobei starre Unterbauten unter ausgiebig gepolsterten Formen und dicken Kissen verschwanden. Gegen Ende der 50er-Jahre verloren sogar Büromöbel ihre Steifheit. Der berühmteste Bürostuhl überhaupt ist wohl der 1959 von Arne Jacobson ent-

unten *Dieser Garten (»Just What it is«) entstand für die Hampton Court Flower Show 1991. Zu seinen ungewöhnlichen Elementen gehört auch die weiche Ausstattung, zum Beispiel ein wetterfester Sitzsack oder ein Pflanzgefäß aus kunststoffbeschichtetem Stoff.*

rechts *In dieser Skulptur mit dem Titel »Colourscape« erzeugt das Zusammenwirken von Architektur und Kunst eine organische Umgebung. Fast 100 gefärbte Kammern sind durch elliptische Öffnungen verbunden und bilden so ein Labyrinth aus Farbe und Raum. Weiche, begehbare Skulpturen dieser Art haben auch einige moderne Gartendesigner inspiriert.*

worfene »Egg Chair«. Diesen Drehstuhl kennt man als Requisit aus vielen Filmen der 60er-Jahre wie dem Science Fiction-Klassiker »2001: Odyssee im Weltraum«. Seine organische Form resultiert aus seiner Bauweise: Er bestand aus einer stoffüberzogenen, schaumstoffgepolsterten, geformten Glasfaserschüssel mit drehbarem Aluminiumfuß und losem Sitzkissen. Am beliebtesten war die Ausführung mit leuchtend rotem Stoffbezug.

Die in den 60er-Jahren aufkommende Jugendkultur trug ebenfalls zur Entwicklung unkonventioneller, preiswerter Möbel bei – vor allem bei der wachsenden Studentengemeinde mit begrenztem Wohnraum. In fast allen Studentenwohnungen der 70er-Jahre gab es einen Sitzsack – ein großes Sitzkissen aus Stoff mit einer Füllung aus Polystyrol-Perlen.

Maler waren immer wieder um die Darstellung von »Weichheit« bemüht, und im 20. Jh. lieferten dadaistische und surrealistische Künstler ihre eigenen Interpretationen dieser Eigenschaft. Salvador Dalís Gemälde »Die Beständigkeit der Erinnerung« (1931) mit seinen zerfließenden Uhren hatte eine besonders nachhaltige Wirkung. Noch augenfälliger wurde die illusionistische Verwandlung eines harten Gegenstands in einen weichen in der von Meret Oppenheim realisierten Skulptur »Frühstück im Pelz« (1936): Sie bestand aus einer in Fellstoff gehüllten Teetasse samt Löffel und Untertasse. Die Idee des Verpackens schließlich wird seit den 50er-Jahren von den Künstlern Christo und Jeanne-Claude in großem Stil betrieben. Sie verwendeten Seile und Polyesterstoff zum Verpacken ganzer Gebäude, Bäume, Wege und sogar eines felsigen Abschnitts der australischen Küste.

Gartendesigner haben schon immer mit weichen Materialien gearbeitet. Im Zusammenhang mit Gärten bezog sich der Begriff »weiche Gestaltung« früher auf die Modellierung der natürlichen

Landschaft und das Anlegen von Rasenflächen und Pflanzbereichen. Inzwischen wird er jedoch auch auf die festen Elemente wie Pflaster, Mauern, Möbel und sogar Gebäude angewandt, da neue, robuste, wetterfeste »weiche« Materialien das Erscheinungsbild des Gartens beeinflussen. In Form von Sofakissen für draußen, weichen Pflanzgefäßen sowie Trennwänden und Überdachungen aus Stoff verleihen sie ihm eine verspielte, zwanglose Note. Kunststoff- oder Gummimatten bieten sogar eine weiche Alternative zur Betonpflasterung.

Ein weicher Garten erfordert nicht unbedingt den Einsatz einer weichen Ausstattung und weicher Baumaterialien. Unter dem Einfluss der trägen, flüssigen Formen der surrealistischen Künstler Hans Arp und Joan Miró legte der brasilianische Designer Roberto Burle Marx einige der modernsten Gärten des 20. Jhs. an. Harte Oberflächen erhalten hier organische Formen, werden mit unregelmäßig geformten, einfarbig bepflanzten Becken kombiniert und erzielen so die Wirkung eines üppigen abstrakten Gemäldes. Man kann zudem harten Gestaltungselementen ein weiches Aussehen verleihen: Martha Schwartz installierte in einer Hommage für die Uniroyal Tire and Rubber Company – reifenförmige Betonringe als Sitzgelegenheiten um hunderte von Dattelpalmen.

Moderne New-Tech-Designer loten das Potential »weicher« Gartengestaltung aus. Die in Kalifornien lebende Designerin Mia Lehrer erweitert die Möglichkeiten konventioneller weicher Landschaftsgärtnerei, während der vietnamesisch-amerikanische Künstler Andy Cao zeigt, dass sogar Glasstückchen zum Anlegen eines weichen Gartens verwendet werden können.

oben *Ungewöhnliche Sitzgelegenheiten aus reifenförmige Ringen, die die Landschaftsarchitektin und Künstlerin Martha Schwartz bei diesem Projekt in Commerce in Kalifornien um die Stämme von Dattelpalmen installierte. Die Reifen sind jedoch nicht so weich, wie sie vielleicht aussehen – sie bestehen aus weiss gestrichenem Beton.*

rechts *In diesem Kunstwerk von Christo und Jeanne-Claude für die schweizer Fondation Beyeler verwandelt bauschender, mit Seilen festgezurrter Polyesterstoff das Erscheinungsbild der eingepackten Bäume. Die zeitweilige Verpackung schadete den Bäumen nicht und betonte aber ihre Form, indem sie die inneren Strukturen verbarg. Weiche Landschaftselemente wurden so noch weicher.*

VOYAGE OF VITALITY

BONITA BULAITIS

Eine Gartengestalterin, die aus einem anderen Bereich als die meisten ihrer Kollegen kommt, hat hier eine sensible und zugleich evokative Landschaft angelegt. Durch die Verbindung von Bühnentechniken mit Strukturelementen aus Metall und Stein hat sie einen Garten erschaffen, der den Besucher zum Erkunden anregt.

Bonita Bulaitis, eine gelernte Werbegrafikerin, ist eine der wenigen zeitgenössischen Gartengestalterinnen, die nicht aus einem anderen Bereich kommt. Erste Bekanntschaft mit dem Gartendesign machte sie aufgrund ihres Interesses für Topfpflanzen, und als sie eine Zeit lang Hängekörbe und Pflanzbehälter für ein Gartenzentrum entwarf, erweiterte sie ihre gartenbaulichen Fähigkeiten.

Im hinteren Bereich von »Voyage of Vitality« führen einige Stufen, hinter deren Steigungen Lichterreihen verborgen sind, zu einem bühnenartigen, erhöhten Bereich hinauf – eine zugleich attraktive und praktische Konstruktion in einem Garten, der abends genutzt werden soll. Auf dem erhöhten Podium steht eine Holzbank auf beinahe drahtdünnen Metallbeinen. Dahinter befindet sich eine Reihe keilförmiger Flügel, die fächerartig zu einer blau-kupfernen Wand angeordnet sind. Die kupferne Einfassung und Maserung dieser Flügel dient als Motiv, das eine Reihe nackter Stifte aus Kupferrohr wieder aufgreift und dahinter eine offene Grenze inmitten der Bepflanzung bildet. Der Garten enthält viele bühnenhafte Elemente – ein Aspekt dieses Designs, der durch eine theatralischen Nachtbeleuchtung noch verstärkt wird. Was diesen Garten jedoch am meisten prägt, ist die raffinierte Bodengestaltung. Die Winkelformen der Wand im Hintergrund werden hier von von einer sinnlichen, originellen Gestaltung sowohl harter als auch weicher Landschaftselemente abgelöst.

Kupfer- und Bronzetöne bilden das immer wiederkehrende Farbmotiv in diesem und anderen von Bulaitis angelegten Gärten. Diese Farben kommen sowohl in der Bepflanzung als auch in Kunstwerken vor und treten hier wieder in der weichen Landschaftsgestaltung rings um den tieferliegenden Teich in Erscheinung. Die dichte Umgebungsbepflanzung mit Gräsern und winter-

rechts Bänder aus Draht- und Pailletten winden sich unregelmäßig um dünne Stahlstäbe. Die elastischen Spiralen sind am unteren Ende mit silbernen Gewichten beschwert, so dass sie im Wind zu hüpfen beginnen. Diese Elemente stehen im Wasser und harmonieren farblich mit der Bepflanzung ringsum. Zarte Kupfer- und Bronzetöne sind ein wiederkehrendes Farbmotiv dieses Gartens.

oben Tentakel, die wie Sonnenstrahlen in den Bach greifen, erinnern an Sandbänke, bestehen aber aus mit Festharz gebundenem Quarzit. Diese Technik liefert strapazierfähige und beständige Elemente, die zugleich natürlich und weich wirken. Der Mischung können farbige Körnchen beigegeben werden (in diesem Fall blaue am Wasserlauf), um den Farbeffekt zu verstärken.

links *Im hinteren Bereich des Wasserlaufes greifen zwei massive, blaue Kugeln die Farbe auf, mit der dieses Element und seine Umgebung pigmentiert sind. Die Bepflanzung besteht aus winterharten Gräsern wie z.B.* Stipa tenacissima *(Federgras), das hier neben pflegeleichten, winterharten Pflanzen wie der Schafgarbe dominiert. Der immergrüne Salbei lockert die Ränder des Wasserlaufes auf.*

harten Pflanzen ergänzen dünne Stahlstäbe, um die sich raffinierte, feine Draht- und Paillettenbandspiralen winden. Der Durchmesser dieser Spiralen erweitert und verengt sich; an ihren unteren Enden hängen kleine, silberne Gewichte, die sich an windigen Tagen aufgrund der Elastizität der Spiralen auf und ab bewegen.

Die harte Oberfläche in der Gartenmitte sieht aus der Entfernung wie feiner Kies aus, besteht tatsächlich aber aus mit Festharz gebundenem Quarzit. Dies liefert eine feste, strapazierfähige Oberfläche, die zugleich natürlich und organisch aussieht und den Vorteil besitzt, auf beinahe jede Weise geformt werden zu können. In diesem Fall wurden aus ihr Tentakel gegossen, die wie Sonnenstrahlen aus den festen Hauptbereichen und Wegen in den Wasserlauf greifen. Das Verfahren der Bindung mit Festharz erlaubt auch die Untermischung farbiger Körnchen. Nur mit Kies hätte man diese Abfolge weicher, strukturierter Sandbänke niemals anlegen können, und mit Beton hätte man nicht die natürlich wirkende, weiche Oberflächenstruktur erzielt.

Bulaitis verwendet in ihrem Garten ein Repertoire an Sträuchern und winterharten Pflanzen, die zugleich robust und pflegeleicht sind. Sogar ihre Ausstellungsgärten sind nicht nur stilvoll und bunt, sondern auch widerstandsfähig und leicht zu pflegen.

Bereiche mit winterharten Gräsern und mehrjährigen Pflanzen sind als Teil pflegeleichter Garten- und Parkanlagen eine Innovation des späten 20. Jhs. Sie wurden erstmals in den späten 90er-Jahren von Wolfgang Oehme und James van Sweden eingesetzt. Van Swedens Erfahrungen in Sachen Architektur und Planung sind die treibende Kraft hinter den schwungvollen Formen und der präzisen Realisierung ihrer Projekte, während Oehmes Gärtnerausbildung und sein Interesse an ökologischer Gartenarbeit die Pflanzenauswahl der beiden steuern. Für ihren Stil ist eine begrenzte Pflanzenauswahl typisch, und ihrer Philosophie zufolge muss eine Pflanze die Aufnahme in ein Projekt verdienen. In den USA hat sorgfältige Gartenpflege nicht eine solche Tradition wie in Europa und vornehmlich Großbritannien, und die Kunden von Designern wie van Sweden und Oehme gehen nicht davon aus, ihre Pflanzen ständig pflegen zu müssen. Um sich ihren Platz zu verdienen, müssen Pflanzen daher winterhart, krankheitsresistent und farbenprächtig sein, Dürre vertragen, wenig zusätzliche Versorgung benötigen und idealerweise den größten Teil des Jahres über schön aussehen. Winterharte Gräser wie *Stipa tenacissima* eignen sich perfekt, ebenso winterharte Pflanzen wie die Sonnenblume, Rudbeckien, Fetthenne und Wasserdost.

Bulaitis hat in diesem Garten große Mengen eines ihrer Lieblingsgräser verwendet, des dünnen Federgrases *Stipa tenacissima*, das sich zusammen mit der stacheligen, blauen *Festuca glauca* über die Ränder des Bachs und die Sonnenstrahl-Tentakeln neigt. Durch Verwendung des stacheligen, blauen Elfenbein-Mannstreu und hoher, gefiederter Fenchelbüschel neben den graziösen Stacheln von *Verbena bonariensis* (Eisenkraut) strukturierte sie die Bepflanzung. Durch Einbindung vieler Pflanzen mit schlaffen, trägen Formen und Strukturen sowie die Auswahl eines organisch modellierbaren Materials für die festen Landschaftselemente hat sie einen Garten erschaffen, in dem die konventionelle Trennung zwischen harten und weichen Elementen aufgehoben ist.

ECHO PARK GARDEN

ANDY CAO

Die Idee, einen Garten aus Glassplittern anzulegen, mag ungewöhnlich und sogar gefährlich erscheinen. Der Fantasie von Andy Cao, einem jungen vietnamesisch-amerikanischen Designer, ist es zu verdanken, dass ein solcher Garten trotzdem existiert und daraus eine weiche, sinnliche Landschaft geworden ist. Er erkannte das gestalterische Potenzial eines zufällig entdeckten Materials.

Nach seinem Studienabschluss in Landschaftsarchitektur half Cao einem befreundeten Bildhauer bei einer Installation, in der Glas verwendet wurde, und kam dabei auf den Gedanken, einen Garten mit Hilfe dieses Materials anzulegen. Nach seiner ersten Bekanntschaft mit der bildhauerischen Verwendung von Glas wollte er mehr darüber wissen und hatte nach dem Besuch einer kalifornischen Fabrik für Glasrecycling eine Idee: An einem Punkt des Recycling-Verfahrens ist das Glas zermahlen, aber noch nicht eingeschmolzen. Die Glasstückchen sehen aus wie Eis und lassen sich gefahrlos in die Hand nehmen. Mit einer Kiste dieses Materials ausgestattet, begann Cao ein landschaftsgärtnerisches Experiment mit 12 bis 15 cm dicken Glasklumpen.

Vor seiner eigenen Haustür in Los Angeles legte Cao den ersten Glasgarten an. Er beginnt am seitlichen Tor, von wo aus ein Weg am Haus entlang führt: Er besteht nicht aus dem üblichen Kies, sondern aus braunen Glassplittern, die unter den Füßen knischen. Er schlängelt sich weiter zwischen Hügeln aus gelbem und grünem Glas hindurch und an einer Trennmauer aus Betonblöcken entlang. Sie sind mit einer Schicht verkleidet, die aus blau- und braungrünem Glas sowie Zement besteht. Am auffälligsten in diesem Bereich an der Seite des Hauses ist das Fehlen einer Grenze zwischen Pfad und Bepflanzung. Es gibt keine erkennbaren Wege oder Beete; stattdessen deutet die Glasoberfläche durch Farbwechsel oder Höhenunterschiede einen Gehweg an. In einem ebenfalls nicht abgegrenzten Bereich wächst Zitronengras, und die nahe Mauer wirkt wie eine vertikale Fortsetzung des Bodens.

rechts *Kegelförmige Hügel aus weißem Glas ragen wie Salzhaufen aus einem ruhigen Wasserbecken hervor und bieten so einen der faszinierendsten Eindrücke dieser ungewöhnlichen Anlage. Diese regelmäßigen, im Vergleich zum übrigen Garten weniger farbenfrohen Elemente sind Ruheplätze zum Nachdenken.*

ECHO PARK GARDEN 167

Glas durchdringt den gesamten Garten und vereint horizontale und vertikale Flächen. Da es sowohl feste, begehbare Oberflächen als auch einen guten Mulch liefern kann, wird die traditionelle Unterscheidung zwischen harten und weichen Landschaftselementen im Grunde überflüssig: Beide verschmelzen in der weichen Landschaftsgestaltung. Darüber hinaus besitzt Glas im Gegensatz zu anderen, konventionellerweise für harte Elemente verwendeten Materialien den Vorteil der Farbigkeit. Es ersetzt die Pflanzen, wenn sie nicht blühen, und ergänzt sie, wenn sie in Blüte stehen.

Es war die Landschaft seiner vietnamesischen Heimat, die Cao zu diesem Garten inspirierte. Die erste begegnet einem auf dem seitlichen Weg, wo die zwischen gelb und grün variierenden Glasböschungen an die Gewohnheit vietnamesischer Bauern erinnern, den Reis nach der Ernte in Straßennähe aufzuhäufen.

Im hinteren Garten inspirierte ihn ein weiteres Bild aus der Erinnerung – zum Trocknen aufgehäufte Salzhügel – zum auffälligsten Element der Anlage: In einem rechteckigen, ruhigen Wasserbecken steht eine Gruppe weißer, kegelförmiger Glashügel. Der Rand dieses Beckens aus schwarzem Zement und Glas soll an eine Schlammbank erinnern. Die karge Schlichtheit des Glas-Wasser-Gartens bietet einen beeindruckenden Anblick voller Energie, der dennoch beruhigt. Ein angedeutetes Reisfeld vervollständigt die Vietnam-Bilder. Das in einer blauen Glasfläche zeilenweise

links *Andy Caos illustrierter Plan des Gartens zeigt, dass sich das Design grob an der Landkarte Vietnams mit ihrer langgestreckten Nord-Süd-Ausrichtung orientiert. Die Form des Grundstücks beeinträchtigt die Anlage als Abfolge miteinander verbundener Vorstellungen nicht. Nur das Wasserbecken im hinteren Garten stellt aufgrund seiner Länge und seiner rechteckigen Form einen Bezug zum Haus her. Die um den Plan herum angeordneten Bilder liefern eindeutige Hinweise auf die Inspirationsquellen vieler Formen dieses Gartens.*

rechts *In dieser Detailansicht der seitlichen Passage zeigt sich die künstlerische Qualität des Gartens ganz deutlich: Die Glasstruktur auf dem Boden und an der Mauer sowie die raffinierte Mischung der farbigen Glassplitter erinnern an ein Gemälde des französischen Pointillisten Georges Seurat, der seine Bilder aus reinen Farbpunkten zusammensetzte.*

oben *Die körnige Oberfläche des Glasmulchs bringt die sich windenden Kalanchoenstämme vorteilhaft zur Geltung. Das leuchtende Blau des Glases kontrastiert dabei mit den kleinen, aber farbenfrohen gelben Blüten und hebt sie hervor.*

gepflanzte Federgras *Stipa tenacissima* ähnelt Reis. In diesem »Reisfeld« steht eine Skulptur aus Eisenschrott, die an Waffen erinnern soll, die in Vietnam zurückgelassen wurden.

Dies ist kein funktionaler Garten, da er keine deutlich abgegrenzten Bereiche wie eine Terrasse oder Rasen für Freizeitbeschäftigungen und Spiele besitzt. Er ist auch nicht als Erweiterung des Hauses zu betrachten. Sein Entwurf beruht auf einer Vietnam-Karte, verweist nur beiläufig auf das Gebäude und wurde hinsichtlich seiner Ausdehnung einfach den Grundstücksgrenzen angepasst. Genauer gesagt: Es handelt sich um einen Garten bedeutungtragender Bildsymbole oder -metaphern, die Erinnerungen heraufbeschwören; er soll erzählen, was sich zu einer anderen Zeit an einem anderen Ort zugetragen hat und gleicht so in erster Linie einem erzählenden Bild – allerdings einem dreidimensionalen, das man begehen und erleben kann. Das Glas hat dabei die Rolle des Pigments oder der Farbe, ist das Medium zur Übermittlung dieses Themas.

Die Gartenpflege besteht einfach nur darin, das Glas zu harken. In den bepflanzten Bereichen bietet dieses Material dieselben Vorteile wie Kiesmulch. Mulch ist eine Deckschicht, die man auf dem Erdboden verteilt – indem er dazu beiträgt, ihn feucht zu halten, Schnecken vertreibt und vor Unkraut schützt, reduziert er die erforderliche Gartenarbeit. Einige Pflanzen dieses Gartens wie Bambus und Sukkulenten profitieren vom Glas; andere dagegen könnten von den grellen Reflexionen, die es verursacht, versengt werden. In den nördlichen Klimazonen sind Licht und Wärme, die das Glas reflektiert, aber wohl für alle Pflanzen von Vorteil.

Die Beflanzung des Gartens soll die unregelmäßige, bunte Glasoberfläche akzentuieren. Aus diesem Grund wurden die meisten Pflanzen wegen ihres plastischen Äußeren gewählt, und bei vielen handelt es sich um Sukkulenten mit weichen, fleischigen Blättern. Durch wohl überlegtes Beschneiden behalten sie in Größe und Form die optimale Wirkung. Die ausgewählten Pflanzen, darunter Agaven mit ihren ausgeprägten, schwertartigen Blättern und bunt

blühende Kalanchoen, werden von den ebenso farbenfrohen Körnchen des Glasmulches ergänzt.

Die Glasstücke wurden so gewissenhaft gemischt wie Farben auf einer Künstlerpalette, denn eine Farbe allein ergäbe nicht die gewünschte dreidimensionale Wirkung. Es gibt keine scharfen Kanten; Oberflächen und Formen gehen in einer Fusion aus Licht und Farbe ineinander über und erzeugen dadurch eine glitzernde, abstrakt-expressionistische Vision.

Trotz der splitterartigen Struktur des Materials wird insgesamt ein Eindruck weicher Fülle erzielt; nie wurde mit einem industriellen Material eine so organische, sinnliche Wirkung erreicht. Aufgrund seiner Eigenschaften wechselt das Aussehen des Glases in Abhängigkeit von Tageszeit und Wetter. Und selbst wenn man seine symbolischen Vietnam-Anspielungen nicht erkennt, zeigt dieser Garten doch, was sich durch die Untersuchung neuer, unkonventioneller Materialien und das Experimentieren mit ihnen erreichen lässt. Hier wurde dadurch z. B. ein alternativer Mulch entdeckt. Die meisten konventionellen Mulche sind von gelblichbrauner, diskreter Färbung, wogegen Caos geniale Einführung des mehrfarbigen Glasmulchs, die zudem geformt und für Plastiken verwendet werden kann, ein durchschnittliches Stadtgrundstück radikal verwandelt.

Es fällt schwer, für einen solchen Garten Vorgänger oder andere Beispiele zu finden. Meines Wissens wurde Glas in seiner wiederaufbereiteten Form nie zuvor im Garten verwendet. Man hat zwar schon Glasmurmeln als Mulch verwendet, diese wurden von den meisten Designern jedoch abgelehnt, da sie in größeren Mengen zu teuer sind. Außerdem eignen sie sich nicht für Wege.

Die geharkte Glasfläche könnte an einen Zen-Garten erinnern, aber damit hört die Ähnlichkeit schon auf: Lebhafte Farben, Glitzereffekte und Formenvielfalt werden hier nicht gedämpft und laden nicht zu ruhiger Meditation ein. Im 18. Jh. verwendete man in Europa bei der Anlage französischer Gärten mit komplizierten Mustern vielfarbige Steine und Kies, aber Caos Garten hat auch mit dem europäischen Erbe nur wenig gemein. Das Besondere an seinem Garten hängt auch mit seinen kulturellen Wurzeln in Vietnam zusammen: Gerade sie haben ihn vor der Zwangsjacke traditioneller westlicher Gartenanlagen bewahrt und ihm ermöglicht, sein Projekt auf so frische, originelle Weise anzugehen.

oben *Neben dem Haus gehen Betonplatten in einen zwanglosen Weg über, der nur durch die Verwendung unterschiedlich gefärbter Glasstückchen und die daraus errichteten Hügel markiert wird. Zitronengras säumt den Weg, und Bananen wachsen längs der Grenzmauer des Gartens. Sie besteht aus Betonblöcken, die mit einer Mischung aus farbigem Glas und Zement verputzt ist.*

rechts *Dieser Garten ist reich an starken Form- und Strukturkontrasten. Hier sieht man die spitz zulaufenden und doch glatten, fleischigen Formen der Agaven, die in einem Bett aus zermahlenem blauen Glas wachsen, über den weicheren, feiner strukturierten, kegelförmigen Hügeln aus weißem Glas im spiegelgleichen Wasserbecken.*

DER RITENOUR-GARTEN

MIA LEHRER

Dieser Garten wurde auf einem abschüssigen Grundstück im kalifornischen Malibu für einen Jazz-Gitarristen entworfen. Der Auftrag sah ein Schwimmbecken und eine Terrasse vor, aber aufgrund örtlicher Bauauflagen musste ein Großteil des Gartens mit wasserdurchlässigen Materialien angelegt werden. So entstand eine Serie jazz-inspirierter Essays, in denen weiche und harte Landschaftselemente kontrastieren.

Ein großes Element wie ein Schwimmbecken kann einen Garten dominieren und leicht den Eindruck erwecken, eher zum Gebäude als zur Landschaft zu gehören. Der amerikanische Landschaftsdesigner Thomas Church löste dieses Problem, indem er die Form des Beckens änderte und ihm in vielen Fällen eine organische, von der jeweiligen Umgebung inspirierte Form verlieh. Andere haben versucht, das Element zu kaschieren, indem sie es als Bestandteil des natürlichen Geländes erscheinen ließen.

Eine Terrasse mit harter Oberfläche, die in der Regel aus Gründen der Bequemlichkeit dicht am Haus liegt, kann sich unschön vom bepflanzten Garten abheben, wenn beide abrupt aufeinandertreffen. Frühere Gartengestalter lösten dieses Problem, indem sie das Gebäude in den Garten hinein erweiterten; der englische Landschaftsstil dagegen ließ die Landschaft bis ans Haus vordringen. Mia Lehrer kommt im Ritenour-Garten zu einem ungewöhnlichen Kompromiss: Schwimmbecken und Terrasse wurden geschickt in die weichen Landschaftselemente eingebunden. Sowohl harte als auch weiche Elemente grenzen ans Haus.

Besonderen Reiz erhält das Wasserbecken durch ein Wellenmuster aus Kacheln verschiedener Blautöne. Dieses Muster setzt sich fort auf der ausgedehnten Grasfläche, die das Becken umgibt und anstelle eines größeren gepflasterten Bereichs den Hauptteil des Pool-Gartens ausmacht. Der Streifeneffekt im Rasen wurde durch Verwendung zweier verschiedener Rasensorten erreicht.

Vom oberen Schwimmbecken-Bereich führen Stufen hinab, die praktischerweise aus Beton bestehen, durch ihre geschwungene

rechts *Das Wellenmuster der blauen Kacheln im Schwimmbecken wird durch Verwendung zweier verschiedener Rasensorten geschickt auf den Rasen ringsum übertragen. Dasselbe Wellenmuster dient auch dazu, den auf die Terrasse hinabführenden Betonstufen eine weichere Form zu geben.*

rechts *Der Entwurf des Gartens zeigt eine durchstrukturierte Anordnung der verschiedenen Elemente, zu denen Wasserbecken, Terrasse und Tennisplatz gehören. Beim genaueren Hinsehen zeigt sich jedoch auch, wie fließend dieses Design ist: Harte und weiche Landschaftselemente verschmelzen miteinander, wodurch der Garten als Einheit erscheint und seine Grenzen aufgelockert werden.*

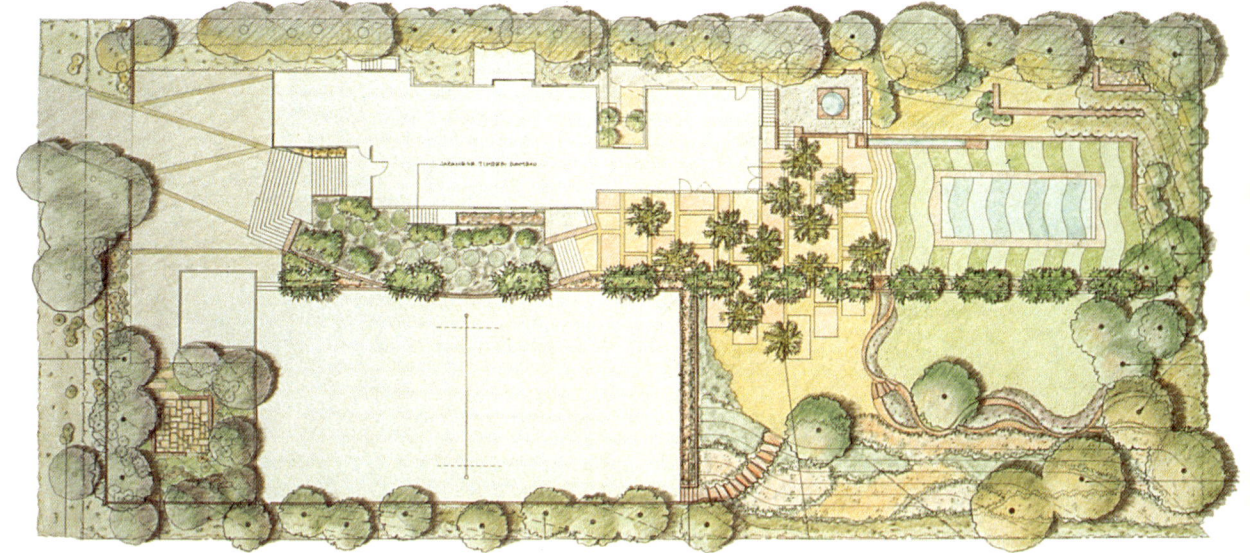

links *Bei dieser witzigen, von einem Rollentausch ausgehenden Gestaltungsidee dienen Grasinseln in einem Meer aus schwarzen, runden Kieseln als weiche Trittsteine. Die dunkle Farbe der Kiesel kontrastiert mit den Bambusblättern und -stielen.*

rechts *Die Terrasse macht mit ihrer Mischung aus farbigen Betonplatten, trennenden Grasstreifen und aufragenden Palmen einen ungezwungenen Eindruck. Zugleich hat der Designer jedoch auch die praktische Notwendigkeit einer harten Oberfläche in Hausnähe berücksichtigt.*

Form – die das Wellenmuster des Rasens widerspiegelt – jedoch weicher wirken. Sie werden zudem von einem dünnen Rasenstreifen zwischen Stufen und Setzstufen aufgelockert. Er führt den Gedanken einer untrennbaren Vereinigung harter und weicher Landschaftselemente ein, der auf der Terrasse weiter verfolgt wird.

Die Terrasse besitzt ein improvisiertes Muster aus rechteckigen, farbigen Betonplatten, die durch Rasenstreifen getrennt bzw. zusammengehalten werden. Aus einigen dieser Rasenstücke erhebt sich eine Palmenart. Die beiden Komponenten – weiches Gras und massiver Beton – erreichen auf der einen Seite gemeinsam das Haus und breiten sich auf der anderen in den Rest des Gartens aus. Weiter vorn an der Terrasse werden Hart und Weich nochmals präsentiert: Die Funktion der Betonplatten übernehmen trittsteinartige Graskreise. Sie sollen Noten ähneln und sind von einem Meer schwarzer, runder Kieseln umgeben, das quer über die Terrasse verläuft und einen Bogen zum Haus schlägt.

Auf den ersten Blick scheint die Gestaltung dieses Gartens modern und zugleich konventionell zu sein. Beim genaueren Hinsehen gibt er jedoch eine raffinierte Antwort auf die Frage, wie man am Grün weicher Landschaftsgestaltung festhalten kann, wenn größere architektonische Elemente wie ein Schwimmbecken verlangt werden. Hart und Weich teilen sich hier denselben Raum.

DER RITENOUR-GARTEN

AILLEURS

PHILIPPE NIGRO & CLAIRE GARDET

Zwei phantasievolle französische Kunststudenten ohne Erfahrung in Gartengestaltung haben hier mit ungewöhnlichen Materialien und Konstruktionsformen einen Garten angelegt, der nicht nur weich und sinnlich, sondern auch transportabel ist.

Seit 1992 findet beim Château de Chaumont-sur-Loire in Frankreich jedes Jahr das Festival International des Jardins statt. Die im 19. Jh. in »englischem Stil« angelegten Gärten des Schlosses bilden einen außergewöhnlich romantischen Rahmen für ein Festival, das sich der Förderung zeitgenössischer Gartengestaltung widmet. Innerhalb der Anlage wurde dem Festival ein 3 Hektar großes Gelände auf Dauer überlassen. Der belgische Designer Jacques Wirtz entwarf die Aufteilung dieses Ausstellungsbereichs und legte 30 individuelle Plätze mit je 250 Quadratmeter Fläche fest, die von Hecken umgeben sind. Alle sind rechteckig, doch ihr hinterer Rand und die beiden Seiten sind nach innen gekrümmt, und jeder Garten besitzt nur einen Eingang an der Stirnseite. In den meisten Garten- und Blumenschauen findet sich dagegen eine andere Anordnung: Dort gleichen sich die den Gärten zugeteilten Landstücke nie, und die Öffentlichkeit darf die Gärten selbst nur selten betreten. Eine Standardisierung der Ausstellungsbereiche beseitigt nun jede Form von Privilegierung – ein demokratischer Gedanke, der noch von der Bedingung untermauert wird, dass jeder Garten mit demselben Budget realisiert werden muss. Da den Gestaltern jedes Jahr ein Thema vorgegeben wird, ergibt sich eine Ausstellung, bei der man leicht vergleichen kann.

Um Experimente und Vielfalt zu fördern, suchen die Veranstalter oft nach Beiträgen, die nicht direkt aus den Bereichen Landschafts- und Gartengestaltung stammen. Sie versuchen, neue Ideen ohne traditionelle, vorgefasste Konzepte und allgemein übliche Bezüge zu fördern, indem sie Designer oder Künstler einladen, deren Arbeiten nicht direkt mit Landschaftsgestaltung in Zusammenhang stehen. Diesem Prinzip gemäß forderten die Organisatoren 1996 Studenten der nahen École Boulle auf, ein Projekt vorzustellen. Unter den vielen Einsendungen der Schule wählte eine Kommission einen Garten namens »Ailleurs« (»Anderswo«) aus. Sieht man von einer Handvoll verstreuter Pflanzen ab, könnte man diese Kreation leicht mit dem Argument abtun, sie habe zu wenig mit Gartengestaltung zu tun. Die Gewinner – die Kunststudenten Philippe Nigro und Claire Gardet – haben bei ihrer Definition von Garten einen anerkennenswerten Mangel an Hemmungen gezeigt. Ihr Design bietet unter Bezugnahme auf moderne Bildhauerei und Installation eine ausgeprägt dreidimensionale Interpretation der Ausstellungsfläche. In der von ihnen geschaffenen Umgebung geht es mehr um die Präsentation einer Erfahrung als darum, einen Raum für den Anbau von Pflanzen zu schaffen. Dieses Projekt ist ein erfrischendes Beispiel für die Rückkehr zu den Grundlagen, da es die meisten Elemente des gartengestalterischen Basismodells ablehnt.

An der Stirnseite des Gartens verhindert eine Wand aus dichter, gemischter Bepflanzung die Einsicht von der Hauptdurchfahrt, die alle Gärten verbindet. In Verbindung mit den Hecken, die das gesamte Gelände einfassen, sorgt diese Wand dafür, dass der Garten von außen fast völlig eingefriedet und nicht einsehbar ist. Den einzigen Zugang ermöglicht eine Lücke mitten in der Bepflanzung der Stirnseite, wo es einen kleinen hölzernen Durchgang gibt. Ein hölzerner Laufsteg führt den Besucher durch diesen Tunnel in eine hellrote Welt aus riesigen, strapazierfähigen Segeltuchbahnen, die zwischen Holzpfosten aufgespannt sind. Der Gang durch diesen Garten mit seinen weichen, geschwungenen, schwebenden Segeltuchformen muss bei manchem Besucher Erinnerungen an den Besuch eines Zirkuszelts ausgelöst haben. Der kräftige, wetterfeste Zeltstoff wurde maschinell so gefertigt, dass er die gewünschten Formen ergibt. An vielen Stellen ist er mit steifen, kreisförmigen Öffnungen versehen, aus denen Holzpfähle hervorragen. An diesen Pfählen ist der über dem Boden schwebende Stoff mit Ketten aufgehängt. Das Zusammenwirken von tragenden

unten *Ein panaschierter Neuseeländischer Flachs und ein Kaktus ragen aus der leuchtend roten Hügellandschaft. Über einen hölzerner Laufsteg erreicht man einen Garten, der wie ein Zelt gefertigt und aufgebaut ist und daher eine Lösung für Leute sein könnte, die sich einen fantasievollen, transportablen Garten wünschen.*

oben *Man betritt den Garten durch einen hölzernen Durchgang, der eine dichte Pflanzenwand durchbricht. Im Vordergrund ist die Bauweise deutlich erkennbar: Man erzeugte weiche, geschwungene Formen durch Verwendung entsprechend gefertigten Segeltuchs. Es wird von Ketten, die an hervorstehenden hölzernen Pfählen befestigt sind, unter Spannung gehalten.*

Pfählen und geformtem Segeltuch lässt eine surreale, plastische Landschaft aus Gipfeln und Tälern entstehen.

Man könnte zwar meinen, die weichen Segeltuchflächen seien entworfen, um zum Daraufspringen zu verleiten, aber in Wirklichkeit soll man sie nicht betreten. Daher wird der aus Holzplanken gefertigte Laufsteg in voller Länge von einer niedrigen Abgrenzung gesäumt. Dieser Laufsteg beginnt am Eingang und bildet den einzig zulässigen Weg durch den Garten.

Die Bepflanzung des Gartens ist minimal und auf eine kleine Zahl typischer Sträucher, Bäume und Kakteen beschränkt. Sie alle wurden wegen ihres unverwechselbaren, kontrastiven Charakters ausgewählt. In diesem Garten tritt das Organische als dekoratives Detail an die Stelle der sonst üblichen Plastiken. Ausgewählt wurden u. a. amerikanische Agave, immergrüner Buchsbaum, Birkenfeige und Freilandyucca. Diese Pflanzen gleichen lebenden Skulpturen in einem Garten, dessen Boden nicht von Vegetation, sondern von geformtem Segeltuch bedeckt ist. Dicht am Laufsteg ragen sie durch kreisförmige Öffnungen aus dem unteren Bereich der Segeltuchschrägen hervor. Das Grün der Pflanzen ergänzt das Rot des Hintergrunds gut und lässt die Pflanzen am besten hervorstechen.

Sollte man diesen Ausstellungsbeitrag danach bewerten, wie viel Raum er für Aktivitäten wie Gartenarbeit oder Spiel zur Verfügung stellt, würde er kläglich scheitern. Überlegt man dagegen, welche Funktion dieses Konzept erfüllen mag oder wo es eingesetzt werden könnte, dann offenbaren sich viele Möglichkeiten. Das Neuartige an diesem Garten ist, dass das Segeltuch-»Zelt« den Boden vollständig verdeckt und darüber aufgehängt ist. Diese

rechts *Der farbige Plan zeigt, wie wenige Elemente der Garten enthält, und wie die vereinzelten, aber ungewöhnlichen Pflanzen eingesetzt wurden. Keiner der jungen Designer ist Gärtner; beide sind Kunststudenten, was auch die Auswahl derart plastischer Pflanzen erklären mag.*

beiden Eigenschaften machen einen Garten dieses Typs zur idealen Lösung, wenn der vorhandene Boden unansehnlich oder unwirtlich ist. Diese Konstruktion könnte leicht und schnell aufgebaut werden, um einen harten, hässlichen Betonboden zu kaschieren, und würde auch die Verwendung von Kübelpflanzen erlauben. Indem man den überspannten Bereich und die Zahl der Öffnungen für Pflanzen vergrößerte, könnte man beinahe jedes flache Stück Boden in einen umfriedeten, weichen, sinnlichen Garten zum Entspannen und Sonnenbaden verwandeln.

Da die Konstruktion einem großen Zelt ähnelt – Segeltuch, das von Holzpfählen, Ketten und Spannleinen straff gehalten wird –, ist der gesamte Garten auch ohne weiteres transportabel. Er kann wie ein Zirkuszelt in kurzer Zeit aufgebaut und nach Gebrauch genauso leicht wieder abgebaut und an einen anderen Ort transportiert oder auf kleinem Raum gelagert werden, bis er wieder benötigt wird. Die abschüssigen Oberflächen sind leicht abwaschbar, und die Errichtung auf einem Stück Erdboden würde das Unkrautwachstum eindämmen, da weniger Licht den Boden erreicht.

Das oft plastikbeschichtete Segeltuch und andere synthetische Stoffe sind in Form von Vordächern und Markisen für Schaufensterfronten, Freiluftrestaurants und Bars fester Bestandteil städtischer Straßen. Nigro und Gardet haben Segeltuch jetzt im Garten eingeführt – nicht als Unterstand oder Schattenspender, sondern als Mittel landschaftsgärtnerischer Raumgestaltung. Es mag wie ein Zirkuszelt oder Trampolin aussehen, aber in erster Linie vermittelt es den Eindruck einer weichen und freundlichen Landschaft.

THE SPIRIT OF THE PLACE

JULIE TOLL, THOMAS NORDSTRÖM & ANNIKA OSKARSSON

Diese faszinierenden, »rauchenden« Moose scheinen Naturphänomene in einem wilden, unberührten Teil der schwedischen Landschaft zu sein. In Wirklichkeit sind sie das Ergebnis geschickter Landschaftsgestaltung und technischer Raffinesse.

Dieser Garten wurde von der englischen Gartendesignerin Julie Toll in Zusammenarbeit mit schwedischen Handwerkern und Bildhauern für eine Ausstellung 1998 im Rodendal-Garten nahe Stockholm angelegt, das in diesem Jahr Kulturhauptstadt Europas war. Die Ausstellung versuchte, Gartenkunst und -handwerk zu verbinden. Sie zeigte die Handwerksarbeiten in einem schon bestehenden Garten; zudem wurden elf neue Gartenkonzepte realisiert.

Das Gelände für diesen Garten, der zu den Neuschöpfungen zählt, wurde mit viel Sorgfalt ausgewählt, um sicherzugehen, dass er der »Stimmung des Ortes« Ausdruck verleiht. Er besteht aus einer natürlichen, offenen, sonnigen Lichtung an einem Waldhang, der in ein feuchtes, flaches Gelände neben einer Wiese mündet.

Julie Toll ist als Designerin bekannt, die sich auf Naturgärten mit Wildblumen spezialisiert hat. In diesem Garten hat sie eine Wassertreppe aus Granit angelegt, die in einem schon vorhandenen Eichenwald den Hang hinabführt und unten in einen dunklen, felsigen Tümpel mündet. Er ist von Moor- und Uferpflanzen umgeben, die einfach in die Wiese ringsum übergehen. Der Garten ist nicht fest umgrenzt; seine Grenzen sind fließend und verschmelzen überall mit der natürlichen Landschaft.

In dem Tümpel befinden sich Objekte, die für den beiläufigen Betrachter wie eine Reihe Moosbüschel aussehen mögen – etwa so, wie man sie an Wasserstellen für Rinder und Schafe, die den morastigen Rand in Buckel und Vertiefungen zertrampelt haben, zu sehen bekommt. Diese moosigen Buckel sind jedoch künstlich und bestehen aus geformtem und mit Kompost gefülltem Maschendraht, auf dem man dichtes, üppiges Moos wachsen ließ. Sie ruhen auf im Wasser stehenden Stützen und sind über Rohre mit einer Rauchmaschine verbunden, die im nahen Unterholz verborgen ist. Diese Maschine wird von einem Zufallstimer gesteuert, so dass die Büschel plötzlich und ohne ersichtlichen Grund beginnen, Rauchwölkchen auszustoßen. Der dadurch erzeugte Effekt ist vom Wetter abhängig – manchmal steigt der Rauch senkrecht nach oben, ein andermal wird er vom Wind fast waagerecht fortgetragen. Bei ruhigem, windstillem Wetter hängt ein »Nebel« über dem Tümpel, auch wenn sich die Rauchmaschine wieder abgeschaltet hat.

Diese »rauchenden Moose« wurden von Thomas Nordström und Annika Oskarsson kreiert, die ihre künstlerische Ausbildung kurz zuvor abgeschlossen hatten. Es sind lebendige Skulpturen, deren äußere Moosschicht man um ein künstliches Innenleben wachsen ließ, und könnten auch als »weiche« Skulpturen bezeichnet werden. Früher wurden die meisten auf Dauer angelegten Freiluftskulpturen ausschließlich aus Stein, Holz oder Bronzeguss gefertigt. In jüngeren Jahren wurden hierfür auch andere Materialien eingeführt – z. B. Stahl, Plastik und Glas, die aber genau wie die traditionellen Stoffe eine widerstandsfähige, harte Oberfläche besitzen. Hier dagegen wurde lebendiges Material verwendet, um weiche Skulpturen zu erschaffen. Überdies sind diese Objekte in einem Maße Teil ihrer Umgebung, wie es eine Stein- oder Bronzeskulptur nie sein könnte – und zwar, weil sie von natürlichem Material umgeben sind und daher zunächst nicht wie Kunstobjekte aussehen, sondern nur wie eine Erweiterung ihrer Wasserumgebung. Kunst verbindet sich hier mit der Natur, anstatt sie unterzuordnen.

rechts Rauch, den eine Maschine mit Zeitsteuerung erzeugt, wird durch Rohre zu den Moosbüscheln geleitet und in zufälligen Zeitabständen ausgestoßen. Trotz dieser Einrichtung soll der Garten nahtlos mit der Landschaft verschmelzen. Gezüchtete Pflanzen wie Cornus alba »Spaethii« (Gelbbunter Hartriegel jenseits des Tümpels passen gut zum natürlichen Wiesengras.

links *Diese Büschel wirken wie natürlich gewachsen, sind aber tatsächlich »weiche« Skulpturen. Man brachte Maschendraht in die gewünschte Form, füllte ihn mit Kompost und ließ darauf Moos wachsen. Diese Büschel stehen auf verborgenen Stützen und sind über Röhren mit einem Rauchgenerator verbunden.*

Auch wenn hier ein durchdachtes kinetisches Kunststück mit im Spiel ist, ist die Wirkung der rauchenden Moose diskret und nur kurzzeitig und verschmilzt vollkommen mit der natürlichen Umgebung. Aus der Entfernung könnte man den Rauch leicht für eine Wolke frühmorgendlichen Nebels halten, die in den Senken am Rand eines Feldes hängen geblieben ist. Das Konzept dieses Gartens gehört eindeutig ins 20. Jh., aber der Wunsch nach Gärten, die die Natur nachahmen, hat mit hoher Wahrscheinlichkeit während der gesamten Gartenbaugeschichte existiert.

Bereits im Mittelalter war die Anlage von Wild- und Waldgärten in Europa durchaus üblich, und Aufzeichnungen aus jener Zeit lassen erkennen, dass man Bereiche innerhalb der Befestigungsmauern von Burgen unbearbeitet ließ. Im 17. und 18. Jh. war Wildwuchs ein beliebtes Merkmal vieler großer Gärten. Der wild wachsende englische Landschaftsstil mit seinem dichten Baum- und Strauchbestand, den ein Labyrinth von Wegen durchschnitt, lieferte ein idealisiertes, von den phantastischen Landschaften der Maler Claude Lorrain und Nicolas Poussin inspiriertes Naturmodell. Zu Beginn des 20. Jhs. waren wild belassene Gärten in Großbritannien wohl am beliebtesten und wurden dem übertriebenen Formalismus der viktorianischen Ära entgegengestellt. Gartengestalter wie Gertrude Jekyll und William Robinson förderten die Verwendung von robusten und pflegeleichten Pflanzen, die nicht unbedingt einheimisch waren. Die Einführung vieler neuer Pflanzen ab Ende des 19. Jhs. – vor allem aus China und dem Himalaya – lieferte diesen Gartengestaltern eine Fülle an neuem Material, aus dem sie ihre naturalistischen Wälder erschufen.

Ungezwungenheit bzw. sogar Wildheit wurden in allen diesen historischen Stilen mit Hilfe von Strukturen begrenzt. Die Hand des Gestalters war immer zu erkennen – insbesondere an der Verwendung importierter Pflanzen. Julie Toll nun wollte diesen Garten aus der vorgefundenen Landschaft herausarbeiten. Wenngleich ihr Ansatz sehr radikal war, war es doch unwahrscheinlich, dass das optische Ergebnis ihrer Interpretation soviel Empörung hervorrufen würde wie Arbeit der Dadaisten. In diesem Wildgarten hat sie die bestehende Flora vollständig ausgenutzt. Eichenwald eignet sich besonders gut für die Einführung neuer Pflanzen, da die Bäume tiefreichende Wurzeln und ein relativ offenes Blätterdach haben, das die Bepflanzung darunter nicht erstickt. Da Eichen sehr alt werden, eignen sie sich zudem ideal für eine langfristige Gartenanlage. Das Gelände um den Tümpel mit den rauchenden Moosen weist eine geschickte Mischung einheimischer Gräser und eingeführter Sumpf- und Uferpflanzen auf, wobei die nicht einheimischen Arten für farbliche und strukturelle Vielfalt sorgen.

Von seinen historischen Vorgängern unterscheidet sich dieser Gartenstil vor allem durch das Fehlen von Begrenzungen. Er sollte nicht nur völlig natürlich wirken, sondern auch nahtlos in die Landschaft ringsum übergehen. Seine Strukturierung ist minimal, und selbst der felsige Wasserfall verschmilzt mit seiner Umgebung. Das Fehlen einer eindeutigen Ordnung lässt diesen Garten so weich erscheinen. Als Ausstellungsgarten muss er keine Verbindung zu einem benachbarten Grundstück haben, und ein so wenig abgegrenzter Privatgarten kommt nur sehr selten vor.

unten *Ein niedriges Holzgeländer ist die einzige Abgrenzung in diesem Garten. Im Hintergrund geht der Uferbereich des Tümpels einfach in den Rand eines Flachsfeldes über. Am Ufer entlang wurden Sumpfpflanzen eingeführt, die für Farbe und Struktur sorgen; unter anderem wurden Astilben und Bergamotten ausgewählt. Es bedarf nur einer leichten Brise, um den von den Moosen ausgestoßenen Rauch über dem Tümpel zu verwehen, wo er wie frühmorgendlicher Nebel hängen bleibt.*

DER PAUL-COOPER-GARTEN

DER NACHT-GARTEN

PAUL COOPER

Der Autor des vorliegenden Buches griff auf Materialien und Techniken des Theaters zurück, um einem Kunden, der sehr spät nach Hause kommt, einen Garten zu bieten, der bei Einbruch der Nacht voll zur Geltung kommt.

Kurz bevor ich diesen Kunden traf, war sein Haus um einen neuen Wintergarten in minimalistischem Design erweitert worden – mit einer Glaswand und einem Dach ganz aus Glas auf Glasträgern. Der Wohnraum wurde durch diesen neuen Raum zwar vergrößert, aber der vernachlässigte Garten wurde ihm keineswegs gerecht.

Das Stück Gartenland war ein wenig größer als der typische Garten einer britischen Doppelhaushälfte und warf – wie viele Stadtgärten – eine Reihe von Problemen auf. Es wurde von großen Bäumen dominiert. Sie nahmen den potenziellen Pflanzbereichen nicht nur die Nahrung, sondern ließen den größten Teil des Gartens im Sommer auch weitgehend im Schatten liegen. Da die meisten davon Laubbäume waren, verstärkten ihre blattlosen Skelette im Winter das öde Erscheinungsbild des Gartens. Die Bäume musste man jedoch stehen lassen, da sie geschützt waren oder die Nachbarn sie behalten wollten. Zudem ging der Garten nach Norden hinaus, so dass das dreistöckige Gebäude – vor allem im Bereich des Wintergartens – zusätzlichen Schatten warf.

Die Besitzer mochten die unaufdringlichen, geometrischen, schlichten Formen moderner Architektur und wünschten sich einen entsprechend regelmäßigen Garten. Er sollte zudem das ganze Jahr über seinen optischen Reiz haben und auch nachts gut aussehen. Sie hatten einen langen Arbeitstag und sahen den Garten den größten Teil des Jahres über nur selten am Tag. Außerdem wünschten sie sich eine schöne Aussicht, wenn sie an Winterabenden im Wintergarten saßen.

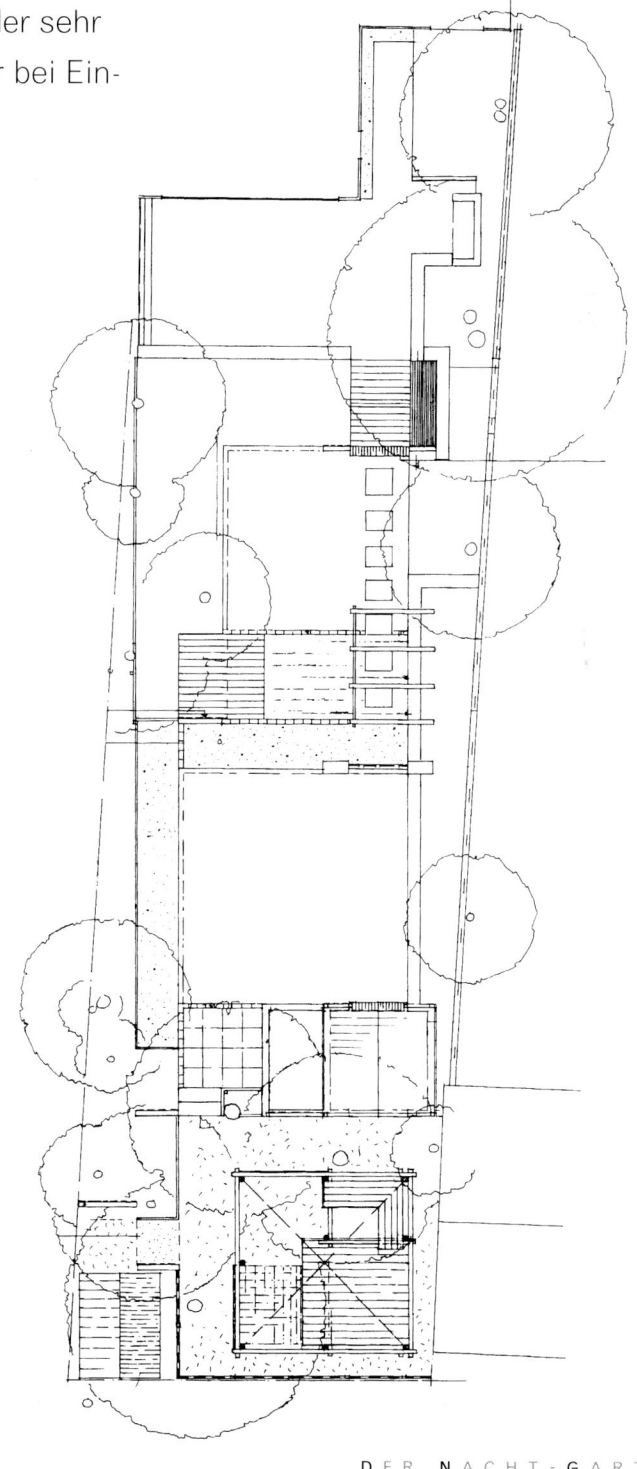

rechts *Der Plan zeigt eine regelmäßige, recht konventionelle Anlage, die auf Rechtecken und Quadraten beruht. Diese Lösung wurde entwickelt, da die Kunden keinen traditionellen oder retrospektiven, sondern eher einen modernistischen Garten bevorzugten.*

Im Grundriss beruht der Garten auf zwei quadratischen Flächen, die ein rechteckiges Wasserbecken trennt. Die erste – und schattigere – ist mit einem kräftig wachsenden Waldgras bepflanzt. Dieser Grasbereich wird auf zwei Seiten von einer Fläche aus schattenverträglichen Bodendeckern eingefasst. Auf der Westseite des Gartens führt eine regelmäßige Reihe von Trittsteinen vom Haus aus durch das Grasquadrat und unter einer überdachten Pergola hindurch über das Wasserbecken. An dieser Seite des Gartens errichtete man eine niedrige, zum Haus passend weiß gestrichene Böschungsmauer, um im sonnigeren Bereich des Grundstücks ein erhöhtes, von Baumwurzeln freies Beet anzulegen. Nur hier und in einem weiteren Pflanzbereich im hinteren Gartenteil hält sich eine Vielzahl von Sträuchern und krautartigen Pflanzen. Das zweite, von der Sonne verwöhnte Quadrat ist eine einfache, deutlich abgegrenzte Rasenfläche, die für Raumgefühl sorgt. Ein weiterer Sitzbereich mit einem zeltartigen, zusammenklappbaren Sommerhaus dahinter blickt nach Süden in Richtung Haus auf diese Rasenfläche. Dies ist einer der wenigen Orte in dem Garten, wo man genüsslich in der Sonne sitzen kann.

Die zur Umwandlung dieses Gartens eingesetzten Elemente nutzen nicht die horizontale, sondern die vertikale Ebene. Dabei wurde ein Hauch Theatralik eingeführt: Schlichte, hohe, weiße, rechteckige Rahmen wurden an strategischen Punkten des Gartens platziert. In jeden kann man einen Schirm aus dem Material, das auf der Bühne für Rückprojektionen dient, einsetzen. Tagsüber werfen die lichtempfindlichen Schirme zusätzliches, natürliches Licht in den düsteren Garten und teilen ihn in eine Reihe von »Räumen« auf, wobei sie zugleich einen Teil von ihm verbergen und ihm so einen Hauch Mystik verleihen.

Aber erst in der Nacht erfüllen sie ihre eigentliche Aufgabe. Das Zusammenwirken von versteckter Beleuchtung und Projektoren verwandelt die Schirme in beleuchtete Wände – mal in einzelnen Farben, mal mit spektakulären Bildern. Diese ferngesteuerte Einrichtung sorgt für eine unterhaltsame Light-Show, die den Garten nachts zum Leben erweckt. Das vom Wintergarten aus sichtbare Schauspiel kann sogar im tiefen Winter genossen werden. Selbst die blattlosen, leblos wirkenden Bäume haben ihren Reiz, wenn sie sich als Silhouette gegen einen blau oder rot beleuchteten Schirm abheben; ihre Umrisse und Formen wirken dann beinahe

rechts *Wenn es dunkel wird, zeigt sich der innovative Charakter dieses Gartens erst richtig. Projektoren und verborgene Lichtquellen erwecken eine Reihe von Schirmen zum Leben. Sie stehen an Schlüsselpositionen des Gartens, erzeugen die gewünschte Stimmung und bringen Konturen, Formen und Farben in den Raum.*

links *Alle Arten von Abbildungen können von vorne oder hinten auf die Schirme projiziert werden. Hier sind es reizvolle, bunt-abstrakte Formen, aber man könnte auch Bilder von Pflanzen und Gärten zeigen, um die Vorstellung eines Gartens im Garten zu erwecken.*

unten *Ein freistehender, von einem programmierten Projektor in rotes Licht getauchter Schirm hebt die Silhouette eines kahlen Laubbaumes hervor und verwandelt sie so in ein faszinierendes Bild mit markanten Umrissen und Linien.*

wie eine Plastik. In Abhängigkeit von den projizierten Farben ändert sich auch die Gartenstimmung – Blau könnte z. B. für einen warmen Sommerabend verwendet werden, Rot für eine kalte Winternacht. Die weißen Projektionsschirme können im Sommer entfernt werden, um einen freieren Ausblick in den Garten zu gestatten.

Man könnte sogar das Bild eines ganz anderen Gartens projizieren, um z. B. die Frühlingspracht einer von Gertrude Jekyll inspirierten Staudenrabatte an einem Abend mitten im Winter zu genießen. Bei Tag ist der Garten unprätentiös und eher konventionell, nimmt in der Dunkelheit aber eine ganz andere Gestalt an; erst dann zeigt er seine wirkliche Funktion als »Garten der Nacht«.

Seit ich mich Mitte der 80er-Jahre dem Gartendesign zuwandte, habe ich die traditionelle Gartendefinition hinterfragt: »Was ist ein Garten, und welchen Zweck erfüllt er?« Ich bin davon überzeugt, dass es möglich ist, sie mehr in Einklang mit den Anforderungen des modernen Lebens zu bringen. Deshalb führte ich auch neue Materialien ein. Die Verwendung eines im Garten normalerweise nicht eingesetzten Materials erlaubt in diesem Projekt, einen Raum auch bei Nacht zu genießen.

Dieses Projekt ist auch ein Beispiel für einen Weg, die ich besonders ehrgeizig verfolgt habe: die Betrachtung des Gartens als Bühne. Jeder Garten liefert den Schauplatz für ein imaginäres Schauspiel – passend zu den Interessen und dem Lebensstil der Besitzer. Auf diese Weise hat er für sie eine Bedeutung und spornt sie an, sich an seiner Entwicklung zu beteiligen. Ich betrachte einen Garten zu keinem Zeitpunkt als fertiges Gebilde, sondern als etwas, das sich entwickeln sollte und das man an die wechselnden Anforderungen seiner Benutzer anpassen können muss.

Verzeichnis der Materialien

Alternative Nährböden für Pflanzen Man kann Pflanzen auch in inerten anorganischen Stoffen wie Mineralwolle ziehen, in denen eine Nährstofflösung zirkuliert. Diese Art der Kultivierung eignet sich ideal, wenn Früchte sauber zu halten sind oder der Boden eventuell Schädlinge und Krankheiten überträgt.

Beleuchtung Faseroptische und Niederspannungs-Beleuchtungssysteme können die nächtliche Gartennutzung steigern und zudem optische Effekte erzielen.

Farben Wasserlösliche Dispersionsfarben auf Vinylbasis können für die meisten porösen Oberflächen verwendet werden; viele sollen wetterfest sein. Sie können eine Wand beleben und einen bunten Hintergrund für die Bepflanzung liefern.

Glas kann im Garten als Wetterschutzwand eingesetzt werden, ohne die Sicht zu behindern; halbdurchlässiges Glas sorgt auch für Privatsphäre. Glas kann auch als Bodenbelag verwendet werden – eine Alternative zum hölzernen Deck, wenn eine erhöhte Standfläche gewünscht wird. Seine Eigenschaft zu spiegeln lässt bei der vertikalen Verwendung faszinierende optische Täuschungen entstehen. Gehärtetes klares oder mattes Glas kann vertikal oder als Bodenbelag verwendet werden, sollte aber vom Fachmann eingebaut werden. Mattglas wird durch Verätzen oder Sandstrahlen der Oberfläche hergestellt. Glasklumpen und recyceltes Flaschenglas liefern einen bunten Mulch.

Gummi und Plastik Einige Bodenbeläge aus Gummi halten sich im Freien; viele jedoch verrotten sehr schnell. Harte Gummifliesen eignen sich nicht, da sie nicht farbecht sind und leicht glitschig werden. Zuverlässiger sind weichere, saugfähige, strapazierfähige Bodenbeläge aus Gummi. Bodenbeläge aus Plastik (Vinyl) sind elastisch und haltbar, doch können ihre Farben im Sonnenlicht verblassen. Alle Bodenbeläge aus Gummi und Plastik sollten auf festem Grund verlegt werden.

Holz Weichholz, das unter Druck mit Konservierungsmitteln behandelt wurde, hat den Bedarf an Harthölzern aus den tropischen Wäldern gesenkt. Seine Nutzung für Pflanzgefäße, Spalierwände, Rahmen für Kletterpflanzen und andere Konstruktionen ist durch bunte Holzbeizen auf Wasserbasis revolutioniert worden. In modernen Gärten sind hölzerne Decks sehr beliebt. Harthölzer wie Eiche eignen sich hier am besten, da sie strapazierfähig und haltbar sind und ihre Oberfläche nicht geschützt oder behandelt werden muss. Im Freien verwendbares Sperrholz ist ein sehr robustes, mit Harz verstärktes Holzlaminat, das sowohl für Wände als auch für Pflanzgefäße und andere Gartenelemente verwendet werden kann.

Holzbehandlung Streichfähige Holzschutzmittel durchdringen lediglich die Oberfläche des Holzes und müssen regelmäßig aufgetragen werden. Bei längerem Bodenkontakt sind sie kein Ersatz für kesseldruckimprägniertes Holz. Es gibt zwei Arten von Holzbeizen. Die meisten Beizen auf Lösungsmittelbasis enthalten Holzschutzmittel. Frisch aufgetragen sind sie giftig und bleiben dies in gewissem Maße auch nach dem Trocknen. Beizen auf Wasserbasis sind leichter anzuwenden; die meisten jedoch färben das Holz nur, und nur einige schützen es auch.

Plexiglas Plexiglas ist ein strapazierfähiger, leichter Thermoplast aus Acryl und kann Glas ersetzen. Es gibt durchsichtige, durchscheinende und lichtundurchlässige Sorten in einer Reihe von Farben. Plexiglas ist leichter und einfacher zu verarbeiten als Glas und kann mit Heimwerker-Werkzeugen geschnitten und durchbohrt werden. Im Garten kann es als Wand- oder (in einem Holz- oder Stahlrahmen) Dachmaterial dienen. Gefärbte durchsichtige und durchscheinende Sorten können wie Farbglas eingesetzt werden, um Lichteffekte bei Tag zu erzielen.

Rostfreier Stahl Er rostet nicht, läuft nicht an, kann auf spiegelartigen Hochglanz poliert werden und sogar gefärbt werden. Alle Farben des Spektrums können dabei kreiert werden, und das Ergebnis ist farbecht. Blech aus rostfreiem Stahl eignet sich ideal für Behälter und vertikale Oberflächen, die eine haltbare, pflegeleichte, stark reflektierende High-Tech-Oberfläche haben sollen.

Rückprojektions-Schirme bestehen aus einer Vinylschicht, die auf einen Rahmen gespannt wird, und können dem Garten mit Hilfe der Gartenbeleuchtung und eines Projektors (oder mehrerer) etwas Bühnenhaftes verleihen.

Spiegel Ein Spiegel kann einen Garten täuschend groß wirken lassen. Große Glasspiegel sind jedoch teuer und schwer zu handhaben; Kunststoffspiegel sind hier die praktischere Alternative. Ihr Spiegelbild ist zwar nicht so gut wie das eines Glasspiegels, für den Garten aber ausreichend, und ihre Verwendung ist zudem einfacher und sicherer als Glas.

Stahl Stahl ist in Form von Rohren oder anderen Teilen schmal und stabil und kann für elegante, dynamische Konstruktionen eingesetzt werden. Er kann Gartenelementen wie Pavillions oder Pergolen ein zeitgemäßes Aussehen verleihen. Normaler Weichstahl kann mit einer geeigneten Schutzfarbe vor Rost geschützt werden.

Stoffe Für den Gebrauch im Freien eignen sich moderne, wetterfeste und wasserabweisende synthetische Stoffe. Segeltuchartige Acryltextilien bieten eine Alternative zu Baumwolle und sind in vielen Farben erhältlich. PVC-Stoffe bestehen aus Polyvinylchlorid, einem widerstandsfähigen, durchsichtigen, festen Polymer, das sich leicht färben lässt. Aus Acryl-Textilien und PVC-Stoffen können wasserabweisende Überdachungen, Trennwände oder Sofakissen für draußen gefertigt sein. Grob gewebte, künstliche Stoffe sind eine Alternative zur massiven Umfriedung.

Verzinktes Metall Zum Schutz vor Rost wird Eisen mit Zink beschichtet (galvanisiert). Als flaches oder gewelltes Blech hat es eine glänzende, gesprenkelte Oberfläche. Es kann für Pflanzkübel und Mauern verwendet werden. Obwohl es sein glänzendes Aussehen viele Jahre behalten kann, wird es schließlich stumpf und grau. Es ist auch nicht so widerstandsfähig wie rostfreier Stahl.

REGISTER

Kursive Seitenzahlen beziehen sich auf Illustrationen und Fotografien

A

Abstraktion 82
Ägyptische Gärten 64
»Ailleurs« 176–179
Alberti, Leon Battista 108, 120–122
Alexandre, Joelle 144–7
Amerikanische Gärten 14–15, *17*, 38–41, 50–53, 76–79, 109–110, 116–123, 130–133, 140, 141–143, 152–155, 160, 162–175
»An Idea« 86–89
Arp, Hans 160
Art Nouveau 10
Arts-and-Crafts-Bewegung 9
»Atlantis Mariposa« 32–37
Ault, Emily 46–49

B

Balston, Michael 70–75
Barnett, Rod 124–129
Barock 13
Barragán, Luis 40, 41, 124
Barron, William 10, 13
Batter Kay Associates 130–133
Beleuchtung 38, *39*, 41, 48, *58*, 59, 85, 100, *101*, 102–105, *110*, 142, *142–143*, 162, 186–188
Bernini, Gianlorenzo 84
Beton 12, 38, 40, *41*, *62*, 64, 127, 150, 152, 160, 175
»Blaue Garten, Der« 28–31
Blumentöpfe *152–3*, 154
Bradley-Hole, Christopher *19*, 24–27
Bramante, Donato 108
Brookes, John 15, 72
Brown, Barbara *83*
Brown, Launcelot »Capability« 140
Browne, Enrique 110
Brunnen 8, 13, 15, *17*, 40, 75, *82*, 83–85, 86–89, 133
Bulaitis, Bonita *4*, *5*, 16, 148–151, *157*, 162–165
Burton, Decimus 9

C

Calder, Alexander 82, *84*
Cao, Andy 160, 166–171
Cardasis, Dean 55, 76–79
Chaumont-sur-Loire Festival 86–89, *142*, 144–147, 176–179
Chelsea Flower Show 24–27, *58*, 59, 70–75, 142
Chermayeff, Serge 15
Chinesische Gärten 16, 21
Christo 159, *160–161*
Church, Thomas 12, 14–15, 172
Conran, Terence 148
Cooper, Paul (Garten) 184–188
»Cottage Garden« 10, 12

D

Dadaismus 16, 20, *23*, 44, 159, 182
Dalí, Salvador 22, 159
de Maria, Walter 22
Decks 24, 44, 57, *58*, *68*, *134*, *136*, 144–146, *146–147*, 148, *148–149*
Delaney, Topher 20, 38–41
Denise, Jean-Christophe 86–89
Donnell Garden, Sonoma 12
Duchamp, Marcel 20, 44, *45*
Dupont-Rougier, Vincent 144–147

E

»Echo Park Garden« 166–71
Eckbo, Garrett 14
Ehrlich, Steven 110
Elvaston Castle, Derbyshire 10, 13
Englische Gärten 9–10, 13, 16, 46–49, 94–97, 108, *110*, 112–115, 118, 124, 134–137, 140, 150, 176, 182, 184–188

F

Farbe 20, *21*, *29*, 30, *31*, 38, 40, *41*, *42–43*, 44, *50–51*, 52, *52–53*, 152, *152–153*, 154, *154–155*, 155
Festival International des Jardins, *siehe* Chaumont-sur-Loire
Fish Bros. 46–48
Flavin, Dan 104
Fliesen, Kacheln *62*, 110, 124, *125*, 127, *128–129*, *144–145*, 150, 172, *172–173*

Fogg, Julia 148–151
Fountain Plaza, Dallas 17
Französische Gärten *8*, 13, 15, *17*, *50*, 52, *52–53*, 84, 143, 150, 176
»Fuller-Haus, Das« 116–119
Fußbodenbeläge 46, 56, 59, 112, 114, 150, 155, 160, *s. auch:* Stein: Beläge

G

Gabo, Naum 12, *14*, 82
Gärten der Renaissance 50, 52, *52–53*, 83–84, 108, 120–122, 124, 127
Gärten des 16. Jahrhunderts 22, 64, *82*, 84–85, 108, 127
Gärten des 17. Jahrhunderts 8, 13, 15, *17*, 64, 72, 84, 108, 143, 182
Gärten des 18. Jahrhunderts 12, 15, 38, 108, 118, 124, 140, 182
Gärten des 19. Jahrhunderts 9–10, 13, 38, 112, 118, 134, 176, 182
Gärten des antiken Rom 83, 124, 130–133
Gardet, Claire 176–179
»Garten der Reflexion« 70–75
»Garten und Wintergarten« 112–115
Gaudí, Antonio 6, 10, *11*, 64
»Gespleißte Garten, Der« 50–53
»Gibbs-Garten, Der« 124–129
Glas 8, 12, 24, *25*, *27*, *29*, 30, 36, 38, 40, 72, *74–75*, 94–96, *97*, 109, 112–115, 148–150, *150–151*, 160, 166–171, 180, *s. auch* Wintergärten, Spiegel
Gold-Friedman Residence 110
Goldsworthy, Andy *21*, 22
Granit, *s.* Stein
Gropius, Walter 12, 14
»Growing Vision« 148–151
Gummi 46, 56, 58, 86, 160
Gutbrod, Rolf 65

H

Hängender Garten, Santiago 110, *111*
Halland, Sussex 15
Hampton Court, London 72
Haussmann, Georges 63
Hellerup, Kopenhagen 15
Hicks, Ivan 22, *23*
High Tech 9, *14*, 54–79

»Hochzeitsgarten, Ein« *139*, 152–155
Holz 14–15, 24, *26–27*, 42, 44, *45*, 94, 96, *134*, 144–146, *146–147*, 148, *148–149*, 176, *176–177*, 178, *182–183*
Huidobro, Borja 110, *110–111*

I

Italienische Gärten 12, 13, 22, 75, *82*, *83*, 84–85, 108, 120–122, 124, 127, 130–133, 150

J

Jacobsen, Arne 159
Jacobsen, Preben 72
Japanische Gärten 8, 20, *50–51*, 52, *53*, 90–93, 98–101, 128
Jeanne-Claude 159, *160–161*
Jekyll, Gertrude 9–10, 12, *70–71*, *74–75*, 182, 188
Jones, Jenny 94–97
»Just What Is It« *158*

K

Keramik 10, *11*
Kew Gardens, London 9
Kiley, Dan Urban 14, 15, *17*
Konstruktivisten *16*, 45, 78, 82
Kubisten 82
»Kuhling-Garten, Der« 38–41
Kukorelli, Peter *140–141*
Kunststoffe 8, *14*, 46, 47, *50–51*, *52–53*, 86–89, 144, *144–145*, 146, 180
  Beleuchtung *58*, 59
  Fußbodenbeläge 160
  Thermoplastische Stoffe 158
Kuramata, Shiro 56

L

Landschaftsgärtnerei 15, 22, 108, 118, 124, 140, *142–143*, 152–155, 160, 182, *s. auch* Gärten des 18. Jahrhunderts
»Lebende Skulptur« *19*, 24–27
Le Corbusier 56, 109
Le Nôtre, André *8*, 13, 15
Lehrer, Mia 160, 172–175
»Lichttheater, Ein« 94–97
Lightning Field, New Mexico 22

Lorrain, Claude 182
Loudon, J. C. 60–63
Lutyens, Edwin 9–10, 12

M
McLaughlin, Niall 134–137
Manierismus 22, *82*, 84–85
Marx, Roberto Burle *15*, 160
Masuno, Shunmyo 90–93
Metalle 8, 12, 24, 25, 41, 42, *42–43*, 44–45, 46, 64, 72–74, 96, 114, *114–115*, *130–131*, 133, 134, 162, *162–163*, 165,
   s. auch Stahl
Millennium Dome, London *110*
Mineralwolle 144, 146
Minimalismus 19, 24–27, *102–103*, 128, 185
Miró, Joan 160
Mittelalterliche Gärten 84, 182
Modernismus 16, *17*, 35, 68, 127, 128, 140, 148
Moholy-Nagy, László 82
Molta, Liliana 86–89
»Moving Garden, The« *140–141*
Müller, Hans-Jürgen und Helga 32–37

N
»Nacht-Garten, Der« 184–188
Nadeau, Patrick 144–147
Nakaya, Fujiko *63*, 65
Neokonstruktivismus *16–17*
Neutra, Richard 109
Nigro, Philippe 176–179
»Mobile Gemüsegarten, Der« 144–147
Nordstrom, Thomas 180–183

O
»Odenwald-Garten, Der« 42–45
Oehme, Wolfgang 165
»Office Garden« 22, *23*
Op Art 82–83
Oppenheim, Meret 159
Oskarsson, Annika 180–183
Otto, Frei 65

P
Parc de la Villette, Paris 10, *16*
Parkanlagen, öffentliche 60–65
Parque Güell, Barcelona *6*, 10, *11*, 64
Paxton, Joseph 9, 63
Pearson, Dan *58*, 59, *110*
Persische Gärten 21, 27, 124
Pevsner, Antoine 12
Piazza Navona, Rom 84
»Plastik-Garten, Der« *55*, 76–79
Plaza de la Fuentes, Mexico City 124
Plaza del Bebedero, Mexico City 124
»Plaza of Whiteness« 90–93
Plexiglas 12, *14*, 76–78, *79*
Pointillismus 168
Poussin, Nicolas 182
Predock, Antoine *107*, 110, 116–123
Projektionsschirme 186–188

R
»rauchende Moose« 180–183
»Refugium eines Fotografen« 134–137
»Refugium in Napa Valley« 130–133
»Reihenhäuser« 66–69
Revolver Creek, Südafrika 20, *21*
Riley, Bridget 83
»Ritenour-Garten, Der« 172–175
Robinson, William 182
Rococo Wood 141–142
Rogers, Richard *14*, 56
Romaniuk, Peter 112–115
Rose, James 14, 78

S
Santer, Susan 148–151
Schaudt Architekten 66–69
Schwartz, Martha 50–53, *85*, *139*, 142–143, 152–155, 160
Schwimmbecken *12*, 154, *154–155*, 172–175
Scrupe, Mara Adamitz 141–142, *142–143*
Seurat, Georges *168*
»Showa-Gedenkpark, Der« 60–65
Simon, Jacques 22
Smyth, Ted 102–105
Sorenson, Carl 15
Speckhardt, Ri *und* Siegfried 42–45

Spiegel *46–47*, 48, 59, 114, *114–115*, 122, *122–123*, 142
Stahl 10, 12, *16*, 22, 24, 30, *31*, *50*, 52, *52–53*, *64–65*, 65, 68, 69, *72*, 109, *110*, 112, 114, *120–121*, 122, 128, *130–131*, 133, 148, *148–149*, 180
   rostfrei 57, 59, 68, 70, *70–71*, 72–75, 94, 96, 144
   Skulpturen *42–43*, 44, 57, *102–103*, 104
»Spirit of the Place, The« 180–183
Stein 20, *21*, 24, 30, *31*, 35, *36–37*, 40, 41, *42–43*, 68, 69, 90–93, 116, *116–117*, 118, *118–119*, 120, *122*, 124, 127–128, *162*, *164–165*, 165, 180
   Beläge *32–33*, 36, 40, *41*, 46, *49*, *60–61*, 64, 70, *72–73*, 90, *90–91*, 92, *93*, 124, *124–127*, 127, *170*, 175
   Skulpturen 35, *36–37*, 43–44, *45*, 72, *74–75*
   Trockensteinmauern 21, 22, 24, 25, 26–27
   Wege 26–27, 35, *36–37*, 38, *38–39*
Stevens, David 28–31, *57*
Stoffe, synthetische 8, 70, *70–71*, *72–73*, 75, 148, *148–149*, *150–151*, 158–160, *160–161*, 176–179
Surrealismus 16, 22, *23*, 159

T
Takano, Fumiaki 60–65
»Takapuna-Garten, Der« at 102–105
»Theater der Bäume« *107*, 120–123
Tijou, Jean 72
Tinguely, Jean 45, 86, 88
Toll, Julie 180–183
»Touchy-Feely-Garten, Der« 46–49
Trianon, le Grand *s.* Versailles
Tschumi, Bernard 10, *16*
Tunnard, Christopher 15
Turner, Richard 9
Turturiello, Pompeo 35, *36–37*

V
van der Rohe, Mies 109
van Sweden, James 165
Versailles *8*, 13, 15, 143
Villa Aldobrandini, Frascati 13

Villa Belvedere, Rom 108
Villa Cicogna Mozzoni, Bisuchio 108
Villa d'Este, Tivoli 82, 84–85
Villa Medici, Fiesole 120
Villa Orsini, Bomarzo 22
Villa Quaracchi, Florenz 120–122
Villaroya und Theisen *34–35*
Vivant, Pierre 22
Vitruv 120
Voegele, Harald 35, *36–37*
»Vom Winde berührt« *81*, 98–101
»Voyage of Vitality« *4*, *5*, *157*, 162–165

W
Watanabe, Makato Sei *81*, 98–101
Wasser 15, 22, 24–27, 28–30, *31*, 36, 46–48, *57*, 70, 83, *84–85*, 86–89, 90, 92, 94, *94–96*, 98–100, 116–118, *118–119*, *124–127*, 127, 128, *128–129*, 134, 162–165, *166–167*, 168–169, *170–171*, 180–183, 186
   s. auch Brunnen
Wintergärten 9, *72*, 109, 112–115, 185–186
Wirtz, Jacques 176
Woodhams, Stephen 112–115

Y
Young, John 56–57, *59*

Z
Zen-Gärten *50–51*, 52, *53*, 86–89, 100

BILDNACHWEIS

Buchumschlag vorne: Paul Cooper/Marianne Majerus; Back Cover: Helen Fickling/The Interior Archive; **hintere Umschlaginnenseite**: Paul Cooper; **Vorsatzblätter**: Stephen Jerrom, Glass Garden Inc., www.glassgardendesign.com/Nicola Browne; **1**: Chaumont-sur-Loire, Conservatoire/Deidi von Schaewen; **2**: Robin Winogrond; **5**: Designer: Bonita Bulaitis/Christopher-Poole Associates; **7**: Nigel Francis/Robert Harding Picture Library; **8**: AKG London; **9**: Garden Matters; **10**: Elvaston Castle Country Park and Estate Museum, Derbyshire; **11**: Nigel Francis/Robert Harding Picture Library; **12** Designer: Thomas Church/Garden Matters; **13 rechts**: Advertising Archives; **13 links**: Advertising Archives; **14 oben**: The Works of Naum Gabo, Nina Williams/Christie's Images, Ltd; **14 unten**: Neil Beer/Corbis; **15**: Designer: Roberto Burle Marx/Noel Kingsbury; **16**: Hugh Rooney/Eye Ubiquitous/Corbis; **17**: Office of Dan Kiley, Vermont/Photo: Aaron Kiley; **19**: Designer: Christopher Bradley-Hole/Marianne Majerus; **20**: Copyright Succession Marcel Duchamp/ADAGP, Paris and DACS, London 2000; **21 oben**: Deidi von Schaewen; **21 unten**: Photograph by Jean-Marc Pharisien, Andy Goldsworthy from his book *Stone* (Viking/Abrams, 1994); **22**: Ruggero Vanni/Corbis; **23**: Designer: Ivan Hicks/Andrew Lawson; **25**: Designer: Christopher Bradley-Hole/Marianne Majerus; **26 oben**: Designer: Christopher Bradley-Hole/Andrea Jones/Garden Exposures Photo Library; **26 unten**: Designer: Christopher Bradley-Hole/Marianne Majerus; **27**: Designer: Christopher Bradley-Hole/Courtesy of *The Daily Telegraph*; **28**: David Stevens; **29**: David Stevens; **30**: David Stevens; **31**: David Stevens; **32 links**: Architekt: Georg Hermann, Munich/Mariposa; **32–33**: Mariposa/Roland Halbe/Artur; **34**: Mariposa/Roland Halbe/Artur; **35**: Mariposa/Roland Halbe/Artur; **36 links**: Mariposa/Roland Halbe/Artur; **36–37**: Mariposa/Roland Halbe/Artur; **38–39**: T Delaney Inc.; **40–41**: T Delaney Inc.; **42–43**: Designer: Speckhardt/Andrea Jones/Garden Exposures Photo Library; **44 rechts**: Designer: Speckhardt/Andrew Lawson; **44 links**: Designer: Speckhardt/Andrea Jones/Garden Exposures Photo Library; **45**: Designer: Speckhardt/Andrew Jones; **46–47**: Designer: Emily Ault/Magali Delporte; **48–49**: Designer: Emily Ault/Magali Delporte; **50–51**: Martha Schwartz Inc./Photo: Alan Ward; **52–53**: Martha Schwartz Inc./Photo: Alan Ward; **55**: Dean Cardasis & Associates, Amherst, MA; **56**: Designer: Shiro Kuramata/Vitra Ltd; **57**: David Stevens; **58**: Designer: Dan Pearson/Peter Baistow; **59**: Architekt: John Young/Richard Bryant/Arcaid; **60–61**: Takano Landscape Planning/Andrea Jones/Garden Exposures Photo Library; **62–63**: Takano Landscape Planning/Andrea Jones/Garden Exposures Photo Library; **64–65**: Takano Landscape Planning/Andrea Jones/Garden Exposures Photo Library; **66–67**: Schaudt Architekten/Reiner Blunck; **68–69**: Schaudt Architekten/Reiner Blunck; **70–71**: Designer Michael Balston/Andrea Jones/Garden Exposures Photo Library; **71 oben**: Courtesy of Michael Balston; **72**: Designer Michael Balston/Clive Nichols; **73**: Designer Michael Balston/Steven Wooster; **74–75**: Designer Michael Balston/Clive Nichols; **76–77**: Dean Cardasis & Associates, Amherst, MA; **78–79**: Dean Cardasis & Associates, Amherst, MA; **81**: Makato Sei Watanabe, Japan; **82**: Mike Newton/Robert Harding Picture Library; **83 links**: Advertising Archives; **83 rechts**: Octopus Publishing Group; **84**: ADAGP, Paris and DACS, London 2000/Philip James Corwin/Corbis; **85**: Martha Schwartz Inc./Nicola Browne; **86**: Chaumont-sur-Loire, Conservatoire; **87**: Helen Fickling/The Interior Archive; **88–89**: Helen Fickling/The Interior Archive; **94–95**: Highwater Jones Ltd, Isle of Wight; **96–97**: Highwater Jones Ltd, Isle of Wight; **98–99**: Makato Sei Watanabe, Japan; **100–101**: Makato Sei Watanabe, Japan; **102–103**: Ted Smyth/Steven Wooster; **104–105**: Ted Smyth/Steven Wooster; **107**: Antoine Predock Architect/Timothy Hursley; **108**: David Markson/Octopus Publishing Group; **109**: Billie Love Historical Collection; **110**: **oben**: Architekt: Steven Ehrlich/Photo: Sonia Fonseca; **110 unten**: Designer: Dan Pearson/Nicola Browne; **111**: Architekt: Enrique Browne & Borja Huidobro/Photo: Guy Wenborne; **113**: Designer: Stephen Woodhams/Geoff Howard; **114**: Courtesy of Stephen Woodhams; **115**: Designer: Stephen Woodhams/Geoff Howard; **116–117**: Antoine Predock Architect/Timothy Hursley; **118–119**: Antoine Predock Architect/Timothy Hursley; **120–121**: Antoine Predock Architect/Timothy Hursley; **122**: Courtesy of Antoine Predock Architect; **123**: Antoine Predock Architect/Timothy Hursley; **124–125**: Designer: Rod Barnett/Steven Wooster; **126**: Designer: Rod Barnett/Steven Wooster **128–129**: Designer: Rod Barnett/Steven Wooster; **130**: Courtesy of Batter Kay Associates; **131**: Architekt: Batter Kay Associates/Jeremy Samuelson; **132**: Architekt: Batter Kay Associates/Jeremy Samuelson; **134–135**: Niall McLaughlin Architects/Nicholas Kane/Arcaid; **136–137**: Niall McLaughlin Architects/Nicholas Kane/Arcaid; **136 unten**: Courtesy of Niall McLaughlin Architects; **139**: Martha Schwartz Inc.; **140 oben**: Octopus Publishing Group; **140–142**: Peter Kukorelli; **142**: Chaumont-sur-Loire, Conservatoire/Deidi von Schaewen; **143**: Mara Adamitz Scrupe/Photo Daniel J Holm; **144**: Chaumont-sur-Loire, Conservatoire; **145**: Chaumont-sur-Loire, Conservatoire/Harpur Garden Library; **146**: Chaumont-sur-Loire, Conservatoire; **147**: Chaumont-sur-Loire, Conservatoire/Photo: Christophe Fillioux; **149**: Designer: Bonita Bulaitis/John Glover/Garden Picture Library; **150–151**: Designer: Bonita Bulaitis/Jill Billington; **152**: Martha Schwartz Inc.; **153**: Martha Schwartz Inc./Michael Blier; **154**: Martha Schwartz Inc./Michael Blier; **155**: Martha Schwartz Inc.; **157**: Designer: Bonita Bulaitis/Christopher-Poole Associates; **158**: Designer: Paul Cooper/Christopher-Poole Associates; **159**: Colourscape/Martin Beddall/Rex Features; **160**: Designer: Martha Schwartz Inc./Nicola Browne; **161**: Christo and Jeanne-Claude/W Volz/Bilderberg/Network; **162–163**: Designer: Bonita Bulaitis/Christopher-Poole Associates; **164**: Designer: Bonita Bulaitis/Christopher-Poole Associates; **166–167**: Stephen Jerrom, Glass Garden Inc., www.glassgardendesign.com /Nicola Browne; **168 oben**: Stephen Jerrom, Glass Garden Inc., www.glassgardendesign.com; **168 unten**: Designer: Stephen Jerrom, Glass Garden Inc., www.glassgardendesign.com/Nicola Browne; **170–171**: Designer: Stephen Jerrom, Glass Garden Inc., www.glassgardendesign.com /Nicola Browne; **172–173**: Designer: Mia Lehrer/Steven A Gunther Photography; **174–175**: Designer: Mia Lehrer/Steven A Gunther Photography; **177**: Chaumont-sur-Loire, Conservatoire; **178–179**: Chaumont-sur-Loire, Conservatoire; **181**: Designers: Julie Toll, Nordstrom, Oskarsson/Clive Nichols **182–183**: Designers: Julie Toll, Nordstrom, Oskarsson/Clive Nichols; **184**: Designer: Paul Cooper/Marianne Majerus; **185**: Courtesy of Paul Cooper; **186–187**: Designer: Paul Cooper/Marianne Majerus; **188–189**: Designer: Paul Cooper/Marianne Majerus.